D0640836

François-Régis Barbry interroge
Gilles Vigneault

Passer l'hiver

« Les interviews »

collection dirigée par Jacques Duquesne
et Claude Sales.

François-Régis Barbry

interroge

GILLES VIGNEAULT

Passer l'hiver

PS
9543
.I45
P3

« Les interviews »

LE CENTURION

128307

ISBN 2.227.32012.5
© Éditions du Centurion, 1978

Ma maison
c'est votre maison

Saint-Placide, comté des Deux-Montagnes, décembre. Du coton dans l'air et quelques pouces de neige à terre. Le lac bientôt saisi par le gel. Un calme rompu, de temps à autre, par les stries des jets, là-bas, à Mirabel. Entre les rumeurs du monde qui atterrissent sur les pistes et la ferveur silencieuse du pays, il existe un chemin à parcourir, une terre à comprendre.

Gilles Vigneault répond à mes questions depuis des heures dans ce refuge, qu'il s'est aménagé au bout du jardin pour travailler. Un piano, des livres, James Hardley Chase et Victor Hugo, des souvenirs, des photos, des dessins plaqués au mur. Une table qui porte les secrets des nouveaux refrains... « Gens du pays, c'est votre tour de vous laisser parler d'amour... » Le fourneau qu'il entretient pour meubler des silences-réflexion ou pour appuyer des réponses trop innocentes pour être anodines.

Plusieurs fois j'ai reconnu devant moi l'homme dont les refrains ont été serrés contre les cœurs et brandis comme des drapeaux; l'un des symboles les plus forts du réveil québécois;

le faiseur de mots qui a fait tomber ses rimes comme autant d'illusions perdues, comme autant de mondes à construire; le timbre meurtri comme par la bourrasque mais qui crie plus fort que son ombre de voix; un Québécois qui nomme peu le Québec dans ses chansons et ses poèmes mais qui s'est abonné au mot « pays » et qui élève celui-ci aux frontières de la terre, car « les humains sont de ma race »; le magicien issu du peuple de Natashquan, qui a su trouver ce langage commun à la majorité des siens et tellement, que ses couplets sont devenus le langage d'autres peuples qui lui font fête.

Alors, quel est le mystère Vigneault?

Le mystère est qu'il n'y en a pas. Gilles Vigneault est sans doute de la race des poètes directement branchés sur l'essentiel et qui transforment le quotidien en allégories, fables, récits vécus, témoignages dans ce que ceux-ci ont de plus jaillissant. Poète, sa source est le peuple, l'âme du peuple et son patrimoine accumulé de contes, de légendes, de danses et de coutumes patiemment thésaurisés, tressés, fignolés en deux siècles d'univers sabbatique. Poète, son verbe est cet artisanat de la minute qui passe dont il fait l'objet rustique, taillé gros mais beau, coulé dru mais clair, en forme de chanson.

La respiration d'un peuple qui cherche son oxygène à lui dans une atmosphère occupée par de puissants courants d'air, l'appel à l'aide du compagnon de vie terrestre à une vie plus saine, le sentiment profond de l'homme plus que jamais assoiffé d'absolu se rencontrent chez Gilles Vigneault. Cela donne « Le nord du Nord », « Il me reste un pays ». Sans décoller d'un langage qui est celui de tous, sans perdre de vue parenté, voisins, compagnie de veillées qui sont ses points d'ancrage, ses plots d'amarrage.

Gilles Vigneault vit la chanson comme une terre d'asile ouverte à tous, comme un lieu de rencontre où l'on se reconnaît dans la géographie comme dans l'histoire. Nul n'a mieux que lui émancipé la chanson populaire québécoise sans jamais la renier. Nul n'a mieux chanté tout le Québec en gardant les pieds solidement plantés sur les pontons de Natashquan.

Alors, pour qui est convaincu du rôle de la chanson dans la vie des peuples, phares, points de repère et coups de pieds aux fesses tout à la fois, battement de cœur d'une société enregistrée sur le vif par la mémoire sélective du poète, quelle rencontre que celle de Gilles Vigneault !

Aussi l'ai-je laissé parler pendant des heures et des heures. Chez lui — c'était important — au creux de ses hivers et de ses silences, au milieu des siens, à l'aise dans leurs « parlers » et leurs « dires », le bon sens, l'humour et l'élan. « On parle pour passer l'hiver » dira-t-il. A quel point reste actuel ce jaillissement : « Entre mes quatre murs de glace, je mets mon temps et mon espace à préparer le feu, la place pour les humains de l'horizon. »

Aussi ses réponses sont-elles si imagées : à la question qui se veut logique, Vigneault répond avec des images et laisse au lecteur le soin de continuer le voyage derrière le dessin. « Je dis que tout est paysage. »

Ce livre est le livre du poète qui s'est saisi du pouvoir de l'imagination et l'exerce avec une belle et profonde lucidité.

François-Régis BARBRY.

PROPERTY OF U.P.E.I.

Terre de Caïn

FRANÇOIS-RÉGIS BARBRY — *Il serait injuste de commencer cet entretien sans évoquer ce qu'a été ton enfance à Natashquan. Gilles Vigneault, c'est pour beaucoup ce village de la côte Nord, sa population et ta propre famille.*

GILLES VIGNEAULT — Oui. J'ai eu la chance énorme, que je n'ai pas fini d'apprécier, de naître à Natashquan. C'eût été Blanc-Sablon, Havre-Saint-Pierre, Sept-Iles, ç'aurait sans doute été la même chose, mais j'ai eu la chance de naître au bord de la mer. Le petit village avait été fondé en 1855, exactement cent ans après que des Acadiens eurent été chassés de leurs terres en Acadie, c'est-à-dire aujourd'hui au Nouveau-Brunswick et en Nouvelle-Écosse, et obligés d'aller s'établir ailleurs. Ils avaient été chassés et déportés en 1755. Certains se trouvent encore sur l'île d'Oléron et sur d'autres îles : Jersey, Guernesey,

l'île de Ré et en bien d'autres endroits de France et
même d'Angleterre ou des États-Unis. Certains de
ceux qui ont pu s'échapper sont allés sur les Iles de
la Madeleine.

En 1855, le seigneur Coffin a découvert des droits
sur leurs terres et a décidé de tout exiger d'eux. Ils ont
été obligés de repartir, de s'exiler à nouveau. Certains
sont allés à Terre-Neuve, d'autres à Saint-Pierre-et-
Miquelon. D'autres sont retournés en France, ou sont
allés s'établir sur la côte Nord. Ils ont alors fondé
Natashquan, Sept-Iles, Havre-Saint-Pierre, tous ces
endroits-là. Ils s'étaient établis là parce que ça ressemblait beaucoup au climat, à la nature des îles, qu'ils
avaient de la pêche en face. Parce qu'ils allaient déjà
pêcher sur les bancs de Natashquan, déjà célèbres pour
la morue, à l'époque.

— *Ce n'était donc pas la région la plus hospitalière ?*

— C'était une terre que Jacques Cartier avait
appelée « Terre de Caïn ». Il ne s'est pas attardé pour
vérifier si elle était plus accueillante qu'elle n'en avait
l'air. C'était une terre assez difficile, un petit peu ingrate
sur le plan de la culture. Pas un petit peu : très ingrate.
Avec un climat rude, des hivers très longs. Mais de la
pêche en abondance, en face. Ça comptait. Ils s'y sont
donc installés en 1855.

— *Et la famille Vigneault s'est tout de suite établie à cet
endroit-là ?*

— A Natashquan, oui.

— *Elle faisait partie de cette colonie-là ?*

— Oui. Ma famille en faisait partie... Placide Vigneault, mon arrière-grand-père, était un des plus jeunes à faire la traversée et Caillou-la-Pierre, dont j'ai parlé dans une chanson, avait quitté les îles un petit peu plus tard je crois, il avait 10 ans. Il est mort en 1955 à 98 ans!

— *Il avait connu ce passage ?*

— Il a connu ce passage dans son enfance. Une fois, il m'a raconté que, lorsqu'il allait avec les marins, tout jeune garçon, à la chasse aux phoques, il revoyait les Iles au loin dans les glaces et demandait à son père : « Quand est-ce qu'on va y retourner, chez nous? » Natashquan a mis beaucoup de temps à devenir « chez lui ». Natashquan, c'était une bourgade indienne installée là depuis très longtemps. Un poste de traite très très vieux, qui s'appelait justement : « Le vieux poste ». A Natashquan, il y a deux rivières; une grande rivière qui fait 4 km d'embouchure, et un courant d'un kilomètre de large à 15, 18 km dans les terres. Je suis allé aux chutes pour la première fois l'été dernier : c'est très beau et il y a de l'eau qui passe là! Et il y a longtemps qu'il en passe. Une rivière poissonneuse. Pendant longtemps, elle a été connue comme la plus grosse rivière à saumons du monde.

— *Du monde ?*

— Du monde, oui. Connue des pêcheurs de saumons. Il y a une petite rivière sur laquelle passe un pont qui relie les deux parties du village de Natashquan, c'est-à-dire qu'il y a de l'eau partout. Il y a l'eau qui vient de l'infini des terres derrière, en haut dans le Nord et s'en va vers l'infini des mers. Derrière nous, une espèce de toundra et puis de la forêt. Et devant nous : la mer. On ne voyait qu'un mirage de l'île d'Anticosti (200 km de long par 40 km de large). Par beau temps. En dehors de cela, c'était l'Océan.

— *La toundra derrière, la mer devant.*

— Oui. L'infini des deux bords. C'est de santé pour l'œil.

— *Et le village comptait combien de maisons ?*

— Le village, depuis 1866, en compte à peu près le même nombre. Les gens sont allés ailleurs gagner leur vie parce qu'il n'y avait pas d'industrie autre que la pêche, et la pêche a beaucoup diminué. Disons environ une centaine de maisons, de quatre à cinq cents personnes. Aujourd'hui, il n'y en a pas plus. C'est du monde qui aime beaucoup jouer aux cartes, au « cinq cents » entre autres, à la « napolitaine », au « quatre-sept », au « Euchre », au « Charlemagne », au « pitro ».

— *Ce sont des jeux qui existent ailleurs ?*

— Ce sont des jeux qui ont leur correspondance exacte en Acadie, au lac Saint-Jean et aussi dans bien des parties du Québec. Les gens de Natashquan aiment beaucoup la musique, chanter, se réunir, parler, placotter, cancaner, parler de la pluie et du beau temps pendant des heures. Ça amuse le temps qui est long, l'hiver en particulier. Et l'été aussi puisqu'il n'y a pas grand monde! Ce sont des gens extrêmement accueillants, comme la plupart des insulaires. C'est tellement loin, la côte, que c'est presque une île, c'est pour cela que je parle d'insulaires. Ce sont des gens qui aiment beaucoup danser, des danses folkloriques, les « sets carrés » (la petite plongeuse, la grande plongeuse, le corbeau dans la cage). Et on y trouve beaucoup de gigueurs et de violoneux.

— *Encore aujourd'hui ?*

— Ah! oui, ah! oui! Il y avait une sorte de danse, qui s'appelait le spandy, qui était une danse d'origine écossaise bien sûr, et le brandy aussi. Le spandy c'était une sorte de danse assez compliquée à faire, et tous les danseurs devaient savoir giguer pour la danser. Ça supposait que l'on ne pouvait danser ledit spandy qu'avec un minimum de huit bons gigueurs. Giguer, c'est quand même un petit peu plus compliqué que danser. Ça demande des réflexes, des reprises, des tours, beaucoup de souplesse, et puis un rythme terrible, un sens du rythme aigu. Des gens qui aimaient beaucoup danser, beaucoup chanter aussi, qui savaient beaucoup de vieilles chansons, qui les savent toujours et qui les chantent.

— *Ces chansons avaient quelle origine ?*

— Elles venaient de la tradition française. Les gens connaissaient des tas de chansons françaises. Et puis ce sont des choses qu'ils ont transportées avec eux, au temps où ils ont émigré. Mais, depuis, ils avaient acquis des phonographes, ils avaient des pianos, des harmoniums, qu'ils transportaient avec eux. Avant ma naissance, je pense, ma mère a acheté un harmonium sur lequel j'ai fait mes premières tentatives de mélodies, mes premières recherches, mes premières audaces maladroites et naïves et sur lequel j'avais appris à jouer des *reels* comme on était censé apprendre et savoir jouer à Natashquan. L'harmonium est toujours là, d'ailleurs. On l'avait payé 40 dollars! Un gros instrument quand même!

Ces gens-là aimaient leur coin de pays, l'aiment toujours et en sont fiers.

Les voyageurs, les commis voyageurs disent tous que le plus beau village et le plus propre de toute la côte Nord, c'est Natashquan. Ça ne veut pas dire que les autres ne sont pas propres ou qu'ils sont laids : il y a beaucoup, beaucoup de beaux villages, si tu voyais Kégaska! mais le plus soigné? J'ai toujours entendu dire que c'était Natashquan. Laisser des traîneries sur le terrain, c'était une honte! Maintenant, ça c'est un peu dégradé, mais c'est encore un très beau village! Il s'est dégradé un peu à cause de la route : ce que j'appelle ici la route, c'est, entre Pointe-Parent et Aguanish, un bout de route de 50 km, à chaque bout de forêt de la toundra. Toutes les fois que la ville va voir le village, elle le massacre un petit peu. Elle le brise un peu.

J'ai donc passé mon enfance à Natashquan.

— *La famille Vigneault est originaire de quelle région de France ?*

— Elle est originaire des alentours de Poitiers, mais on retrouve le nom et la terre de Paul Vigneault, mon ancêtre, sur l'île d'Orléans d'après une carte qui date de 1689.

— *Et Paul Vigneault s'est installé tout de suite sur l'île d'Orléans ?*

— Paul Vigneault, lui, s'était installé là après avoir marié Marie Bourgeois et s'en être revenu, en 1643, avec le régiment de Carignan. Il s'était marié avant de partir : je crois qu'il avait 20 ans. Il a eu dix enfants, dont Maurice Vigneault qui est mon ancêtre direct, qui était médecin du roi. Un dans mes ancêtres s'appelle Étienne dit « l'Écrivain ». Un autre est allé de l'Acadie aux îles Saint-Pierre-et-Miquelon, puis s'en est retourné en France pour revenir ensuite aux îles de la Madeleine. Enfin, il y a du voyagement, du voyageage, des voyageances et des errances dans mes ancêtres... !

— *Ils étaient parmi les premiers...*

— Parmi les premiers Québécois, oui. Mais avant il y avait eu l'expédition de La Violette à Trois-Rivières, en 1634 ; et encore avant, Champlain, en 1608, fondait Québec... Certains de mes ancêtres sont partis de l'île d'Orléans ensuite pour s'installer en Acadie. Et c'est là qu'ont commencé leurs ennuis et de là leurs voyages et leur arrivée à Natashquan où ils sont toujours.

— *Et ils étaient marins, ils étaient pêcheurs ?*

— Par la force des choses, une fois rendus ici. Soldats en arrivant, ils devinrent marins et bientôt maris... et pères de famille. Il leur fallait gagner leur vie. Il fallait pêcher pour ça. Alors, ils tendaient des filets et ils allaient pêcher la morue à la ligne avec les moyens de l'époque. Sans me prendre pour Tit-Nor, tous ces métiers qui sont fils de misères, je les ai faits et je m'en suis défait.

— *Tout ceci s'est construit lentement et ne s'est pas révélé tout de suite ?*

— Non, non, j'écrivais beaucoup de choses, de ce que je prenais pour des poèmes ou des chansons. J'écrivais plein de choses au collège à partir de l'âge de 13 ans. J'ai dit souvent à ma mère : « J'ai l'air de ne pas avoir de cœur, mais ils ne pourront pas dire que je n'ai pas d'âme. » Parce que j'écrivais des vers et, des fois, j'écrivais à ma mère des lettres en vers ; en même temps pour lui montrer que j'apprenais quelque chose, ce que je voulais faire aussi, pour la prévenir un petit peu, prévenir mon père de ce que je voulais faire. Et autant que pour me désennuyer, passer un bon moment en leur écrivant, et m'exercer et continuer d'apprendre.

J'écrivais peu de lettres, parce que écrire des lettres, c'est vrai, ça demande du temps ! Je ne me sens pas capable de commencer, mais, une fois sur l'ouvrage, je ne me sens pas capable de m'arrêter, j'ai trop à dire, je voudrais tout dire sur la même lettre. Alors, comme chaque fois ça donne une lettre de cinq, huit, dix pages, chaque fois que j'ai une lettre à faire, j'ai le sentiment de me condamner à écrire dix pages, et pour moi c'est une corvée.

J'ai écrit des chansons, des contes. La littérature me passionnait. J'ai découvert la versification. Il y avait chez nous une classe qui s'appelait « versification » à côté des belles-lettres, philosophie, physique, etc., qui nommaient les classes de nos huit ans de cours. En versification, la première question de l'année, c'est moi qui l'ai posée dans la classe. Le préfet était venu nous donner la bienvenue et un petit cours en même temps. Alors j'ai demandé : « Pourquoi ça s'appelle versification? Est-ce que ça veut dire qu'on va apprendre à faire des vers? »

— *Et il t'a répondu ?*

— Je ne peux pas dire qu'il m'ait répondu. Il m'a fait signe de me taire et de m'asseoir, et on est passé à autre chose. Et moi, j'ai décidé que la réponse était qu'en versification on devait apprendre à faire des vers. J'ai donc commencé tout de suite de m'occuper à cela. Et je continue. Et je continue d'apprendre, aussi.

— *Tu en avais donc fortement envie dès cette époque ?*

— Une envie de créer avec les mots. Les chansons m'impressionnaient terriblement. J'ai appris par cœur les chansons françaises qui se rendaient chez nous : *Quand on s'aime bien tous les deux*, *Le tango des roses*, *J'ai tout quitté pour toi*, etc. Mais les premières chansons que j'ai apprises par cœur et que j'ai trouvées belles, au collège, étaient bien certainement celles de Trénet. J'en savais déjà beaucoup d'autres. Quand je suis arrivé au collège, je faisais partie des « gars qui chantaient ».

Il y a toujours dans une classe un qui chante, un qui fait de la musique, un qui raconte des histoires, il y en a un qui sait sculpter, bon! Moi, j'étais celui qui faisait le clown et qui imitait les professeurs, et qui chantait. Je savais chanter des chansons, alors quand on faisait des feux de camps, c'était sur l'air de : « Vigneault! Une chanson! » Puis, quand j'ai posé ma question sur la versification, on m'a baptisé le « poète ». Ce nom m'est resté au séminaire jusqu'à la fin de mes cours, bien sûr! J'ai découvert plus tard que c'était très poli, très respectueux, alors que j'avais senti dans ce sobriquet, tout le long de mon cours, une espèce de mépris.

— *Tu l'avais pris pour une insulte ?*

— Je l'avais mal compris. Il y avait beaucoup plus de respect et d'amitié dans ce sobriquet, dans ce surnom, comme on dit, que le mépris et la haine et l'ostracisme que j'y avais entrevus. J'ai suivi le cours classique, donc, et j'ai appris à faire des vers, un peu. Puis j'en ai fait souvent... à la place des mathématiques. Au bout de tout ça, je me suis réveillé un jour professeur d'algèbre. L'ironie du sort!...

— *Dans ton enfance n'avais-tu pas déjà cultivé ce goût pour la chanson et la musique ?*

— Au collège, j'étais parmi les gars qui chantaient. Et je chantais quoi? Je chantais : *Parlez-moi d'amour, Quand on s'aime bien tous les deux...*

— *Tu avais entendu ça chez toi ?*

— Oui, au commencement je connaissais un peu le répertoire de Mme Bolduc, cette femme que Charles Trénet admirait tant. C'était merveilleux ce qu'elle faisait avec sa langue, son « turlutage », cette personne. Et je chantais *Parlez-moi d'amour*, *Plaisir d'amour*. Qu'est-ce que je savais encore d'autre aussi? *Le temps des cerises*. Je ne sais pas comment c'est venu chez nous comme beaucoup d'autres : *Ne parle plus Lisette* par exemple : de très vieilles chansons du répertoire qui s'étaient rendues chez nous par je ne sais quel bouche à oreille. Puis il y avait des chansons du folklore : *Auprès de ma blonde*, *A la volette*, *Jeanneton prend sa faucille*, *A la claire fontaine*, tout ça. C'était un répertoire qui me plaisait beaucoup et qui n'était pas toujours le même que celui des gars de la région de Rimouski. Ils n'étaient pas tous forcément Acadiens! Il y en avait pourtant un peu.

— *Ils étaient surpris ?*

— Ah! ils étaient surpris, ils trouvaient que j'en savais beaucoup, que je connaissais les airs « à la mode du temps » que j'apprenais tout de suite. J'ai voulu chanter tout de suite dans la chorale parce que je rêvais de chanter à l'église, ça c'était mon rêve le plus cher. Pour moi la musique se nommait grégorien. Il y avait ensuite les *reels* et les chansons d'amour. J'avais donc un répertoire, si j'ose ainsi m'exprimer, une culture profane de la musique : les vieux *reels* étaient de bonne santé, les chansons d'amour étaient moins intéressantes et sirupeuses.

Le grégorien, lui, était très beau et je le trouve toujours très beau. Et je suis bien désolé pour les paroissiens qui fréquentent l'église tous les dimanches de les voir contraints à s'écouter chanter des choses généralement mal écrites, musicalement autant que sur le plan des paroles, et ne présentant pas toujours la traduction, même approximative, de ce qui se chantait de bon en latin.

— *Tu sens dans le grégorien une forme d'art de la prière ?*

— En enlevant le latin, on a enlevé une espèce d'embellissement du mystère, de lieu dramatique de l'oreille, qu'on ne retrouvera pas et qu'on ne remplacera pas avec n'importe quoi. Et ça a donné un gros gros coup à... j'ai failli dire à la foi, que de perdre cette espèce de mystère qu'il y avait et cette propreté du rituel, cette espèce de rigueur.

— *Crois-tu que cela pouvait signifier quelque chose dans la mesure où les fidèles ne comprenaient pas ce qu'ils chantaient ?*

— Oui. Ça signifiait pour eux plus que maintenant, alors qu'ils croient comprendre.

— *Le grégorien était-il, à ton avis, une forme « ressentie » de la prière ?*

— Moi, je crois qu'ils comprenaient mieux le latin qu'ils ne comprennent le français d'aujourd'hui. A force de répéter des choses en latin, sans doute arrivait-on à en saisir le sens global.

Kyrie Eleison! c'est une des choses qu'on répète le plus souvent dans la messe, que je sache. Cela veut dire : « Seigneur, aie pitié de nous. » Tout le monde le savait, tout le monde avait lu la traduction. Car il y avait des traductions et les gens la lisaient. Et puis ils s'en faisaient une à eux. Et, quand ils chantaient, leur traduction était meilleure que la traduction qui était dans le livre, bien meilleure que la traduction obligatoire d'aujourd'hui. Bon, on ne chante plus que la traduction.

— *En lui-même, dans sa forme originale, le mot contenait sa musique :* « Kyrie Eleison. »

— Ah oui! ah oui! Ce qu'on a oublié, c'est que les psaumes avaient été composés par des poètes. Alors que je n'ai pas l'impression d'un travail de poète dans les choses que l'on chante à l'église maintenant.

— *Le grégorien t'a approché du mystérieux de la prière chantée ?*

— Oui. La musique pour moi revêtait des pouvoirs magiques. Pour obtenir les choses du ciel, de Dieu, de ce qui nous est supérieur, de l'Être, de l'Univers. Pour moi, la musique revêtait cette aura mystique. Elle investissait de pouvoirs nouveaux celui qui la chantait.

— *Tu parles de la musique grégorienne ?*

— De la musique grégorienne et de la musique profane, de la même façon. Quelle magie de voir un ouvrier comme Camoun par exemple, qui a bâti sa maison de ses mains, ou encore Odilon Carbonneau à qui je fais allusion dans la Danse à Saint-Dilon. C'était chez lui que ça se passait, ou chez lui, ou ailleurs. Ou Jean-Pierre, ou les autres qui jouaient du violon, de la guitare, de l'accordéon, du ruines-babines, c'est-à-dire de l'harmonica. Mais c'est surtout le violon qui m'enchantait, dans le sens de « incantare », et qui me faisait accéder à l'incantation.

Quelle magie de voir ces gars-là capables de mener des billots sur une rivière, d'aller à la pêche au saumon, de lever un filet à 5 heures du matin quand il fait frais en automne, de mener des chevaux, de faire du jardinage, de construire une maison, de faire la plomberie et l'électricité, creuser son solage soi-même, faire son ciment soi-même, finir la cheminée, faire un poêle, capable de tout faire seuls, d'aller bûcher une épinette de 30 mètres, et trouver des artifices pour la ramener au village sur un traîneau, avec deux chevaux, avec un tracteur.

Prendre le violon le soir ! Et ces gros doigts qui avaient l'air maladroit, qui avaient l'air grossier, qui ont la rudesse des gens qui travaillent, les cals et la corne. Prendre le violon ! Et tout à coup, il en sort une musique et ça fait danser du monde ! Ça pour moi, ça revêtait des pouvoirs magiques.

Et la chanson d'amour, fût-elle sirupeuse ! « Mon cœur à toi pour toujours ! » Toutes ces chansons très simples, naïves que chantait à l'époque Tino Rossi, dont ma mère est toujours une grande admiratrice. Je lui ai dit ça un jour, puis je me suis rendu compte de l'espèce de gaffe que je faisais, ou d'indélicatesse.

Il m'a demandé quel âge avait ma mère, et j'ai été obligé d'avouer qu'elle avait 80 ans passés. « Ma mère a toujours été une de vos admiratrices depuis sa plus tendre enfance. » Ce n'était pas parfait comme formule. Il a pris ça avec un grand sourire, mais il en avait entendu d'autres, ce Monsieur-là. Et il a trouvé ça drôle.

Ces chansons-là avaient un pouvoir terrible. Le pouvoir que la voix de Tino Rossi avait sur les femmes! Ça venait non seulement de la voix mais aussi des chansons. Pour moi, cette musique avait aussi des pouvoirs magiques : on chantait une chanson d'amour à une fille.

— *Si elle était bien faite, il y avait des suites ?*

— Si c'était bien fait et bien amené, on avait droit à un baiser. Alors tu penses que ça revêtait des pouvoirs magiques! Toute musique pour moi était une magie à acquérir, et ma première question, arrivé à Rimouski, c'était : est-ce ici que je vais pouvoir apprendre le piano?

Parce que je voulais composer.

— *La musique t'intéressait d'abord ?*

— Ah! au départ, c'était la musique avant tout, et je me suis ensuite rabattu sur les mots. On m'a longtemps appelé le chef d'orchestre parce que je passais des études entières à ennuyer mes compagnons de travail au séminaire, à l'étude. Je chantais tout le temps. Alors, de temps en temps, le maître de salle me criait : « Vigneault, on t'entend à 15 milles! »

— *Tu chantes :* « *Si on voulait danser sur ma musique, on finirait par y trouver des mots...* »

— Ce n'est pas étranger à cet épisode de ma vie. C'est la musique qui m'a fait rencontrer les mots. J'aime bien ça que tu relèves cette phrase parce que c'est sans doute celle dont je suis le plus content, parmi tout ce que j'ai fait. Si je n'avais à garder qu'une seule phrase je garderais peut-être celle-là : « Si on voulait danser sur ma musique, on finirait par y trouver des mots. » Ça vient de Natashquan. C'est toute mon histoire jusqu'à ce que je sois obligé de me rabattre sur les mots avec la musique dedans. Pas dessus, dedans.

— *Ou bien de trouver des mots à travers la musique.*

— C'est beaucoup plus difficile. Ça m'est arrivé ensuite, lorsque j'ai acquis un peu de métier.

— *Roger Fournier, dans le livre qu'il t'a consacré, rapporte une conversation que tu as eue avec un musicien de passage au séminaire :* « *Moi, si je faisais de la musique, ça serait pour jouer des choses que j'aurais composées moi-même.* »

— La mienne, oui. C'est exact.

— *Tu ne pouvais donc pas admettre qu'un artiste puisse interpréter d'autres musiques que ce qu'il porte en lui ?*

— Je crois bien qu'il s'agissait de Zino Francescati, qui n'était pas un amateur. Francescati était venu donner un concert à Rimouski en 1944. Mon père était lui aussi à Rimouski où il suivait des cours, lui, tout l'hiver. Il était à 750 km de Natashquan, c'est-à-dire qu'il ne retournait pas à la maison les fins de semaine. Il y avait donc un concert au collège. J'avais eu la permission de l'inviter. Mon père avait écouté ce merveilleux violoniste, ce magicien jouer des merveilles, du Paganini, par exemple, mais pas de Francescati. J'avais trouvé ça curieux et je le lui avais dit. Il m'a alors répondu : « Eh! bien, si c'est comme ça, vous jouerez, vous ferez vos propres compositions, certainement, si vous croyez ce que vous dites. » Ce soir-là, mon père était ressorti émerveillé. Il avait eu cette réflexion : « Oh! Gilles, vois-tu ça, ce gars-là qui saurait jouer des *reels*! » Il rêvait! Pour lui, il manquait une dimension à ce violoniste : il n'était pas sûr de pouvoir danser sur la musique que Francescati jouait si admirablement. Il tenait à danser. Ce qui était dire : « Si on voulait danser sur ma musique, ou si ce gars-là pouvait donc jouer sur ma danse! »

Ce n'est pas seulement à Zino Francescati que j'ai fait ce reproche-là. Je n'étais pourtant qu'un petit étudiant. A d'autres j'ai fait la même remarque : « Mais, alors, vous ne jouez que des choses qui ont été composées par d'autres? Comment pouvez-vous faire? Je ne vous comprends pas! » Je ne trouvais pas ça normal. J'étais très satisfait de ce qu'ils jouaient. Mais j'aurais préféré connaître Chopin lui-même, jouant du Chopin. Ça, ça m'aurait épaté!

— Il y a aussi une chose qui m'étonne, c'est que dans ta famille, à Natashquan, ton père et ta mère ne considéraient pas

l'artiste, celui qui joue, le musicien, celui qui chante, comme un saltimbanque.

— Non, ils avaient un très grand respect pour les artistes. Mon père faisait le difficile sur la chanson avec laquelle je m'apprêtais à gagner ma vie, quand j'ai commencé à composer. Mais il était comme ça devant moi; devant les autres, il en était très fier.

— *Il disait : « Mon fils est un poète. »*

— « Mon fils compose lui-même des chansons qu'il chante! »

— *Ça l'épatait ?*

— Ah! ça l'épatait pas mal, oui! Ses chansons préférées étaient quand même : *Quand vous mourrez de nos amours*, et puis *Du milieu du pont*, qu'il a chantées souvent.
Mon père était aussi cet homme, qui, invité à venir m'entendre à la Comédie canadienne, ne comprenait pas pourquoi il ne payait pas sa place. Pour lui, approcher un artiste signifiait : payer sa place. C'était normal! Et, sceptique, alors qu'on lui avait dit que la salle était pleine à craquer, montrer du doigt deux sièges vides et dire à ma mère : « Il exagère, la salle n'est pas tout à fait pleine. »

— *La musique et la chanson faisaient partie de la vie quotidienne de Natashquan.*

— Ça épatait tout le monde, c'était une sorte de magie. Et à Natashquan, on dit encore souvent : « Si on dansait? » On a envie de danser tout le temps!

Enfin « tout le temps », quand il y a un peu de joie dans l'air, quand il n'y a pas trop de deuil à côté. On a envie de danser, d'organiser de petites fêtes, de manger ensemble. On est du Nord et on se laisse aller à la gigue pour se réchauffer les pieds, parce que l'hiver est long.

A Natashquan, très souvent, quand j'y retourne, on fait des soirées où on ne danse pas, sinon dans de petits groupes, pour rire, pour se rappeler comment « c'est dans les danses ». On fait jouer Jean-Pierre et Jean-Paul avec la guitare, ou Herménégilde, ou Odilon. Comme on faisait jouer Camoun et Moïse dans l'temps. « Te souviens-tu de celui-là ? » ou « Te souviens-tu d'un autre ? » ou « Te souviens-tu de telle chanson ? » La, la, la... Les gens savent tout par cœur. Ça leur rappelle des choses qu'ils aiment réentendre. Les musiciens s'exécutent et ils ne changent rien. On leur paie la traite bien entendu.

Parfois ça tournait à la farce, dans mon enfance. Il y avait deux bandes rivales dans le village, et certaines « blondes » avaient été échangées de façon mal avenante. A un moment donné, certains se sont retrouvés pour organiser une danse. Les autres avaient demandé des musiciens avant nous autres. Ils les ont eus, les joueurs de musique ! Nous autres, on ne pouvait donc pas organiser notre danse. Alors, pour se venger, on a été à la danse, et on a apporté de la boisson. On a saoulé les joueurs, au bout de trois danses ça faisait : swi, swi, swi... Ils jouaient n'importe quoi : impossible de danser. C'était bien réussi ce coup-là, sous couvert de gentillesse, d'amabilité ! Jean-Marie s'en souvient, tu peux me croire.

Très souvent, on organisait des soirées de danse. Rien que pour entendre la musique. Ce qu'ils appellent encore la « vraie » musique. Ils ont aujourd'hui des disques de *reels* mais ils disent : « Ça ne danse jamais comme la vraie musique. »

Quand le musicien est là et qu'il opère sa magie sur les pieds des gens, il y a un contact direct, au cours duquel les danseurs présumés se sentent investis par le musicien de pouvoirs qui opèrent toute la soirée.

— *Mais, à ce moment-là, le musicien fait ce qu'il veut de leurs pieds!*

— Il y a une légende merveilleuse là-dessus. C'est la légende de Ti-Franc, la tête blanche. Un gars qui sait que les marionnettes, aux aurores boréales (il y en a beaucoup ici), dansent si on joue du violon. Bon : Il n'y a pas beaucoup de joueurs de violon, dans la Province du Québec, qui, un soir d'aurore boréale, sortiraient dehors pour jouer du violon. Ah! non! Très peu d'entre eux oseraient faire ça, j'en mettrais mes mains au feu, parce qu'ils auraient peur que les marionnettes descendent leur faire friser le poil des yeux!

Ti-Franc, lui, avait décidé de n'avoir peur de rien : l'effronté était sorti avec son violon et avait joué une partie de la nuit. Les marionnettes étaient descendues danser autour de lui. Il a continué à jouer et, quand il s'est arrêté, il avait les cheveux tout blancs. C'était pourtant un jeune homme. Et il n'a jamais plus été capable de toucher à son violon après. Le lendemain, son violon est tombé en poussière. C'est une légende, mais on rejoint là le côté magique de la musique du violon.

— *La flûte avait aussi ce genre de pouvoir dans les légendes ?*

— La musique en général.

— *Mais, ici, surtout le violon ?*

— Chez nous, c'est surtout le violon, parce que c'est l'instrument qui a été apporté le plus précieusement de France, je pense. Toujours ma culture musicale à Rimouski !

A partir de la classe de versification, je me suis mis à écrire des vers, après avoir lu *Le Cid* de Corneille et *Britannicus* de Racine. Je trouvais ça magnifique ! Et j'ai essayé d'écrire moi-même une pièce en vers : c'était mauvais, complètement exorcisé de toute racine. C'était de l'exotisme de mauvais aloi, et très mauvais.

— *Ces tragédies classiques te plaisaient ?*

— Ah oui !

— *Dieu sait si elles ont fait transpirer un bon nombre d'enfants de France et d'ailleurs !*

— Évidemment, avec l'usage, on apprécie moins ! Chez moi, il n'y avait pas beaucoup de livres dans la bibliothèque. Il y en avait un qui s'intitulait *Jos*

Montferrand de Benjamin Sulte, assez bien écrit d'ailleurs, et l'autre c'était *Sang et Or*, un roman, sombre drame de Pamphyle Le May, un de nos poètes du xixᵉ siècle. Il y avait aussi l'*Almanach du peuple* qu'on recevait par la poste. Il y avait aussi un dictionnaire et des livres d'école. Alors, toute lecture nouvelle était une découverte merveilleuse. Quand je suis arrivé au séminaire de Rimouski, j'ai commencé par lire la bibliothèque de la classe, puis, quand j'ai eu fini, j'ai eu la permission d'aller dans une autre.

Je n'avais jamais vu de films. Les premiers films de ma vie, je les ai vus au séminaire : eh bien je n'en dormais pas : je passais ma nuit à repasser le film, à l'apprendre par cœur.

— *Quel était ce premier film ?*

— *The Bells of Sainte-Marie.* Des œuvres très simples, des films américains traduits en français. Mal, d'ailleurs! J'ai vu une dizaine de films par année au séminaire de Rimouski. J'avais vu à peu près quatre-vingts films quand je suis arrivé à l'Université. Pendant ma première année d'Université, j'en ai vu trois cent soixante-sept! je les avais notés.

Pendant les fêtes, je m'ennuyais davantage, alors j'allais au cinéma : en onze jours, j'ai vu trente-sept films! Je m'en souviens parce que je prenais note chaque fois, dans un petit bout de journal, du film que j'avais vu. Et, un jour, j'ai recompté. J'ai rigolé comme tout. Je me suis dit : « Tiens, j'avais la fringale! » Une fringale de mensonges.

— *Est-ce parce que ton village était coupé du reste du monde ?*

— Oui, ça venait du fait qu'il n'y avait pas de train qui venait chez nous, il n'y avait pas d'auto, il n'y avait pas de route. Par contre, il y avait l'avion une fois tous les quinze jours.

Avec les vieux mots
les anciennes rimes

GILLES VIGNEAULT — Quand je suis arrivé au séminaire, la première composition qu'on m'a fait faire c'était sur « un voyage en train ». Le voyage en train, le voyage en bateau, le voyage en avion. Ah! le bateau, ça je connaissais, l'avion aussi. Et ils m'ont donné le voyage en train! J'ai dit à un de mes amis : « Raconte-moi, je ne connais pas le train, je viens de la côte Nord, il n'y a pas de train chez nous. » Alors, il rigole : « Il n'y a pas de train chez lui! Ben, je te raconte. » Je suis arrivé premier! Je me rappelle toujours la tête du gars : « Mon salaud! je ne te dirai plus rien! »

La semaine suivante : l'avion! « Je vais te raconter... » Puis la semaine d'après, c'était le bateau : Alors je gagnais des points. J'avais des atouts quand même! J'impressionnais tout le monde parce que je n'avais pas été au cinéma, je n'étais jamais monté dans une auto, je n'avais rien vu! Mais, quand même, j'avais vu pas mal : s'il s'agissait de décrire une morue, j'en étais capable, les citadins en étaient pas foutus!

FRANÇOIS-RÉGIS BARBRY — *Tu étais seul dans ton genre, si j'ose dire. Tes camarades étaient issus de la petite bourgeoisie de la région ?*

— C'était plus bourgeois qu'autre chose. Des jeunes « à l'aise » mais c'était quand même mêlé.

Moi, je suis arrivé là grâce à Monseigneur Labrie, un évêque de la côte Nord qui est mort il y a deux ans : un grand bonhomme! Il jouait de sept instruments de musique, il parlait sept langues couramment. Il a bâti lui-même son presbytère à Blanc-Sablon, a apporté lui-même les clous et les planches sur son traîneau à chiens. Il savait réparer un moteur et conduire un attelage. Tous les évêques n'en faisaient pas autant!

— *Il était peut-être bien obligé!*

— Ce n'était pas n'importe qui. Et il n'a toujours eu qu'une exigence pour moi : « Mon cher Gilles, fais ce que tu voudras. Mais fais quelque chose! »

— *Tu lui dois beaucoup ?*

— Beaucoup. Je lui dois cette terrible exigence de rendre leur dû aux gens qui payaient pour mes études. L'argent de l'Église ne tombait pas du ciel, c'étaient les gens qui le fournissaient. Lui le distribuait. Il avait décidé de me faire faire des études, à moi et à un autre gars de Natashquan, Patrice Vigneault, médecin aujourd'hui. En tout cas, si Monseigneur Labrie ne s'était pas occupé de mes études, je n'aurais pas pu en faire! Mes parents n'avaient pas les moyens de m'envoyer au collège.

En même temps, il n'a pas exigé, contrairement à ce que l'on pouvait attendre à l'époque, que je devienne prêtre, ou religieux, ou que j'entre en communauté.

— *C'était logique en ce temps-là ?*

— C'était normal : quand on envoyait loin un petit gars faire des études c'était pour qu'il devienne prêtre. Ou, alors, c'était son père qui l'envoyait, il faisait ce qu'il voulait. Mais, si c'était l'Église qui l'envoyait, c'était normal. Monseigneur Labrie m'a considéré comme s'il avait été mon père : « Tu fais quelque chose, fais ce que tu voudras. Ne sois pas prêtre pour faire plaisir à celui-ci ou à celle-là, ou à ta mère, ou à ta tante religieuse. Non. Non. Si t'as envie de te faire prêtre, c'est bien, je serai content. Mais si tu as envie de faire un auteur, un avocat, un médecin, ce sera bien aussi. » Et quand j'ai pris les lettres, il ne m'a fait aucun reproche. Le supérieur du collège m'avait dit : « On a déjà eu ici un boxeur et un assassin, on peut bien avoir un homme de lettres ! Pourquoi pas un poète ? »

— *C'était l'avant-garde !*

— Ah ! dans le temps, oui ! d'ailleurs, Monseigneur Labrie a été viré de son diocèse par des gens qui le voyaient en train d'organiser des syndicats. Ce n'est pas mauvais à ajouter pour lui rendre hommage. J'ai beaucoup de respect, d'amour, d'amitié et de reconnaissance pour cet homme-là.

— *Au collège, tu passais pour un rêveur ?*

— Ah! oui, j'étais perdu, complètement. Une des blagues qu'on me faisait, c'était de raconter que je m'étais envolé. Je n'avais pas de grands moyens, et j'avais acheté pour 2 dollars, je crois, de grosses, grosses bottes d'aviateur. J'étais paresseux, et ça me permettait de ne pas avoir à me déchausser pour me rechausser pour aller dehors : je mettais mes grosses bottes par-dessus mes souliers, et tout était fait! Mais ça avait l'air négligent et ça faisait des sabots aussi larges que longs, pratiquement! Les gars disaient que j'étais retenu à terre par mes bottes d'aviateur!

— *Mais tu as également laissé des souvenirs comme un gars qui aimait s'amuser.*

— Ah! oui, on rigolait. Mais j'étais très rêveur, très perdu, très amoureux quand je l'étais, très mystique.

— *Romantique ?*

— Très romantique. Et je n'en avais pas honte.

— *Pendant ces années de collège, tu écrivais beaucoup ?*

— Beaucoup, je me rappelle pas très bien ce que j'écrivais.

— *Des poèmes ?*

— Surtout. J'avais écrit, je sais pas, moi, quelques milliers de poèmes...

— *Quelques milliers !*

— ... de poèmes, oui, quand je suis sorti du séminaire. Puis j'avais doublé ça quand je suis sorti de l'Université. Enfin, j'étais pas là pour un concours.

— *C'était une école formidable...*

— Oui, oui, j'ai été très chanceux d'avoir le goût d'écrire des poèmes avant de composer des chansons, parce que la chanson est beaucoup plus rigoureuse dans sa forme, sous des dehors de légèreté, de facilité, de liberté. C'est beaucoup plus « disciplinaire » que le poème, surtout en vers soi-disant libres. Libres de quoi ?

— *Ces poèmes que tu écrivais, tu les écrivais pour te faire plaisir ? Pour te prouver quelque chose ?*

— Ben, j'écrivais des poèmes sur mes ennuis, mes spleens, mes amours, l'époque et, déjà, sur Natashquan, sur la vie quotidienne. J'étais très influencé, je plagiais plein de monde sans même m'en apercevoir.

— *C'était normal.*

— Tout à fait. Je faisais mon métier comme ça. Des fois, des versions latines, qui étaient des vers de Virgile, eh! bien, moi, je les traduisais en vers français. Ce qui m'a valu de temps en temps la remarque : « Les vers que vous avez mis dans votre version l'ont gâtée! » Évidemment! comme ça peut arriver à tout le monde.

J'aimais beaucoup le latin et je l'aime toujours beaucoup. Je trouve que c'est un petit peu comme étudier la terre... avant de planter des arbres.

— *Le latin de collège, c'est le latin de César, de Cicéron, c'est une langue de juriste, de militaire.*

— Je parle de ce latin-là, mais aussi de celui de Virgile, d'Horace, de Plaute, de Salluste, de Sénèque.

— *Qu'est-ce que la langue latine t'a fait découvrir ?*

— La langue française. Comme on découvre un pays.

— *Une langue française académique ?*

— Non, la langue française de tous les jours.

— *Est-ce qu'il y avait pas déjà un conflit entre la langue que vous parliez vous et ce français « officiel » ?*

— Il y avait beaucoup moins de conflits qu'il n'y en a aujourd'hui à Montréal. On ne parle pas le joual à Natashquan. On parle une espèce de patois qui se rapproche beaucoup du patois du Languedoc. Mon père parlait beaucoup mieux le français que je ne le croyais à l'époque. Mon père et mon grand-père usaient de l'imparfait et du plus-que-parfait du subjonctif. La concordance exacte : « S'il avait fallu qu'ils eussent eu. »

— *Très naturellement ?*

— De la façon la plus simple, la plus quotidienne, la plus ordinaire, la plus entrée dans les mœurs, dans la langue de tous les jours. Ma mère avait été maîtresse d'école, institutrice. Ça aidait!

— *Le latin t'a donné l'amour de cette langue que tu utilisais sans l'avoir jamais explorée.*

— Je me suis aperçu plus tard que le latin m'avait été très précieux en français.

— *L'organisation de la phrase ?*

— Oui.

— *Le poids du mot ?*

— Le poids du mot, la sémantique des mots. Ce n'est pas indifférent à la façon dont on emploiera tel mot que de savoir qu'il vient du latin... comme *imbecilitas*, le sens de faiblesse, avant le sens de faiblesse d'esprit. Donc, c'est un mot qui n'est pas méprisant, mais apitoyé. L'imbécillité, c'était plus la faiblesse d'esprit que la sottise. C'est important pour savoir de quelle coquille on revêt les mots, de quel poids on charge la coquille.

— *As-tu fait également du grec ?*

— Oui. Le grec m'a donné beaucoup au niveau des racines. Ça n'est pas indifférent de savoir que téléphone

vient de *têle* et *phônê* (loin et voix) et d'où vient aéro-
drome et astronome, d'une racine latine et de *nomos*.
Tous ces accouplements-là sont très précieux et n'importe qui peut les apprendre aujourd'hui dans le dictionnaire, préfixes et suffixes grecs et latins. C'est la base
de la langue. C'est beaucoup.

— *Dans l'expérience de la langue grecque. étudiée au
collège, on rencontre aussi la finesse et la subtilité dans la
phrase.*

— Ah! oui, c'était plus raffiné que le latin. Une
aventure qui me séduisait beaucoup, c'était de voir un
mot grec passer au latin, passer au français, puis passer
à l'anglais. Et des fois, de voir un mot sanscrit s'en
venir à travers les âges comme ça!

— *Tu as un exemple, un souvenir ?*

— Le mot poète! Apprendre que poète vient de
poiein : faire ; apprendre qu'un poète, c'est celui qui
fait, c'est prodigieux ça pour moi comme saisie de
racine, comme culture, c'est extraordinaire! Et puis
« poète ». C'est comme si on connaissait de façon simul-
tanée un arbre à son printemps, à son été, dans son
automne et dans l'hiver. Non seulement d'une année,
mais de toute sa vie : voir un mot, sous des facettes
qu'il a prises, les habits qu'il a pris, différents, au cours
des âges.

Il y a d'autres aventures qui sont belles et qui ne
relèvent pas forcément du latin ou qui en relèvent de
loin. Je pense au mot « flâtre ». Ça m'avait épaté.
Mon père disait ça quand j'étais petit. Je me disais que

c'était un patois, et je me demandais ce qu'il voulait dire : « flâtre ». Ma mère écrivait « flastre ». On disait d'une fleur qui avait pas l'air de pousser sur un bouquet : « elle est flastre », « je le trouve flastre ton bouquet »; ou une peau de gibier, une peau de renard qui avait l'air décoloré : flastre, elle est flastre; une soupe pas épicée, au lieu de dire : « elle est fade », il aurait dit : « elle est flastre », elle n'a pas de couleur, elle n'a pas de santé, il n'y a pas de vigueur dedans, elle a l'air de fléchir. On disait des faunes de carottes, des herbes à soupe, des pousses du jardin, ben : « Ils poussent, mais ils sont flastres. » Eh bien! j'ai rencontré un jour un linguiste qui m'a dit que c'était un mot qui était employé couramment en France dans la langue de tous les jours, au XIVe siècle. Et depuis ce temps-là, ils l'ont perdu. Mais c'est intéressant, ça! Voilà un mot qui a fait un voyage.

J'ai appris ainsi que des tas d'expressions que mon père employait étaient des expressions très françaises et racontaient des choses très exactes. Je me suis amusé un jour que j'avais trouvé à prendre note d'une espèce de 400 mots de vocabulaire un peu spécifique à la côte Nord : « affaiter », « apoindre », qui veut dire avaindre, « aplangi », « un apilotis », pour une pile de quelque chose. Des « artifailles ».

— *Et on ne retrouve pas ces mots ailleurs ?*

— Non, je crois pas, il y a de ces mots-là qu'on retrouve ailleurs dans la Province, mais pas partout. Tiens : Un berlot, une berline, un berlot. Un berlot, en somme, ça s'écrivait bien correctement berlot :

b e r l o t. C'est comme ça qu'ils appellent le petit traîneau sur lequel j'ai apporté du bois tantôt. Il y a plein de mots comme ceux-là !

— *Puisqu'on en parle, on peut régler un compte...*

— Allons-y !

— *Quand on parle de la langue québécoise... on dit :*
« *un brise-gueule* » *pour : harmonica...!*
« *Ruines-babines* » *ce n'est pas mal non plus. Certains disent que la langue québécoise, en gardant tous ces vieux mots, est devenue une langue qui s'est sclérosée. Le clergé a opéré pendant longtemps une sorte d'autodéfense de la langue, qui s'est arrêtée au dix-septième siècle, avec des mots qui n'ont plus cours aujourd'hui. Pourtant, en faisant ce voyage, comme tu le disais, est-ce qu'ils ne continuaient pas à être chargés de vie ? On a beau dire, mais ces mots n'ont jamais été remplacés. Peuvent-ils d'ailleurs être remplacés ?*

— Moi, je crois pas. Je n'en vois pas l'intérêt d'ailleurs. Mais c'est comme si tu demandais à un bûcheron de remplacer le mot « abattre » par « couper ». C'est ridicule ! Ça veut dire la même chose, mais abattre à un sens de mouvement et une espèce de direction, il y a presque le résultat dans le mot, beaucoup plus que couper. Pour moi, quand il s'agit du bois... couper du bois, chez nous, mais c'est le couper en petites bûches, le fendre, ben, c'est le fendre ; et puis l'abattre, c'est aller l'abattre dans le bois quand l'arbre est là. On le coupe, alors, ça c'est abattre. Mais, je vois pas l'intérêt de changer un terme comme ça. Du bois abattu, c'est du bois abattu, à moins qu'on veuille changer le langage et appeler ça autrement.

La sclérose, s'il y en a une, n'est pas venue de là. La sclérose est venue comme une maladie contagieuse qui nous est venue directement de l'anglais par le joual. Ça c'est une maladie grave sur une langue. Elle immobilise la langue, parce qu'il y a des sentiments complexes qu'on ne peut pas exprimer en joual, c'est trop limité. Des fois tu exprimes avec un juron, un sacre, plein de choses, c'est vrai, je l'admets, mais tu n'exprimes pas tout, et tu ne peux pas faire de la philosophie, par exemple, à partir de là. Peut-être me diras-tu : « Et à quoi sert de faire de la philosophie? » On n'en finira plus de discuter. Mais on ne peut pas traiter avec compétence et sérieux des sciences physiques en joual. On le peut en français. Le joual est une sérieuse aliénation!

Certains mots qui avaient un sens autrefois l'ont perdu. Alors, il faut les écarter. Mais il n'y a pas besoin de s'en occuper, les mots s'écartent d'eux-mêmes. Quand la chose disparaît, on ne la nomme plus.

— *Ce qui veut dire que, par rapport au français de l'Académie française et du* Dictionnaire Larousse *où tous ces mots utilisés au Québec ne figurent pas, la langue française de France s'est appauvrie ?*

— Ah! mais c'est l'Académie qui a appauvri la langue! Tout en faisant de grands efforts très sérieux et très respectables pour la conserver. Elle a tenté d'épurer. Sa tentation, de 1633 à nos jours, a toujours été de photographier la langue française, et d'en donner une image au monde. Mais la langue française n'est pas immobile, elle est imphotographiable. Ils photographient mot par mot. Et ça prend quatre siècles... Ils ont contribué, pour pouvoir la photographier, à l'immobiliser. C'était une grossière erreur de ne pas avaler dans la langue française les mots bretons, les mots arabes. Pas un Français sur dix dira plutôt « médecin » que « toubib ». Moi, je trouve le mot médecin meilleur, plus français. Mais on va chercher là un mot emprunté à une culture très étrangère à la culture française. Tandis que, chez nous, on dit : « le docteur ». C'est beaucoup plus français que le toubib, et c'est pas plus faux. Docte, celui qui sait, c'est très général, j'en conviens. Mais, chez nous, comme il n'y avait pas d'autres sortes de docteur ! Un beau jour, il y a un bonhomme qui arrive chez nous, je le présente à mon père, je lui dis : « Il est docteur ès lettres. » Mon père dit : « Qu'est-ce qu'il soigne ? »

Je trouve que les académies de toute espèce sont des institutions qui ne s'en vont que vers elles-mêmes, et qui ne sont orientées que sur leurs propres colonnes.

— *Compare avec la langue anglaise : comme il n'y a pas d'académie de langue anglaise, la langue anglaise a pu vivre sa vie un peu de mille façons différentes et les linguistes diront que c'est une langue qui vit beaucoup. Là où la langue française a le mieux vécu et voyage le mieux, c'est encore dans les pays francophones où la langue du peuple est à l'écart de l'Académie, des leçons de l'Académie et du* Dictionnaire Larousse...

— Il y aurait vraiment eu avantage à garder dans la langue française les mots clés des patois. Il y en a, tout n'a pas été écarté et mis aux poubelles. Mais on a été très impérialiste dans la discrimination.

On a refusé la langue du peuple, voilà! On a décidé que la langue qui serait transmise devait être épurée de toute espèce d'origine roturière. La langue de l'Académie, mais c'était une langue de cour! Et la langue de l'Académie était une langue destinée à la mort.

— *Au moment où tu composais tes poèmes au séminaire de quel côté penchais-tu? Est-ce que tu te forçais à renier ta langue au nom des règles de la poésie classique?*

— Ah! oui, oui, je me pliais beaucoup aux règles les plus sévères, à toutes les règles les plus sévères du sonnet, de la ballade, du pantoum, j'apprenais à écrire un rondeau.

— *Et le langage que tu parlais à Natashquan n'y était pas présent?*

— Il y était, il était présent dans ce que j'écrivais, oui. Comment dire? Je ne faisais pas rimer « cothurne » et « Saturne », parce que ça ne représentait pas grand-chose à Natashquan. Je faisais plutôt rimer l'absence de rue avec morue... Et d'autres mots : pousser avec varnousser. Varnousser qui est ne rien faire, traîner, flâner, musarder. Et je considérais ces trouvailles très honnêtement comme des faux.

— *Tu te sentais coupable?*

— Un petit peu vis-à-vis de la pureté de la langue. Mais je me disais que, pour exprimer ce que j'avais à

dire, il fallait que j'emploie des mots, et puis je leur
mettais des corsets sévères qui étaient les lois de la
versification française.

— *Le nombre de pieds, les rimes mâles et femelles ?*

— Ah! oui, de temps en temps, j'écrivais en asso-
nances. La rime, c'était un truc qui m'épatait, qui
m'épate toujours, je dois le dire. Et ce que je trouvais
là-dedans de plus précieux, c'était la magie, le retour
à la magie dont nous parlions tout à l'heure en musique :
le pouvoir incantatoire des mots. Depuis toujours, les
poètes qui me séduisent sont Mallarmé et Valéry.

— *Et encore ?*

— François Villon : c'est tout à fait une autre
époque, mais c'est la densité, j'ai failli dire la quantité
d'âme exprimée qui passe dans ses poèmes... mais sa
langue aussi, et sa technique de rimes aussi. Technique
de vers.

Mais surtout, surtout... des œuvres comme les
fables de La Fontaine : voilà une langue qui n'est pas
morte du tout. Ceux qui m'ont le plus influencé au
début ont été les symbolistes! Baudelaire, Verlaine,
Rimbaud. Puis Mallarmé. Plus tard, quand j'ai connu
Valéry. Là, j'ai appris, j'ai appris les vers de Valéry
par cœur. Tout. Il y a eu des moments où je savais...
La jeune Parque, par cœur, *Album de vers anciens*.

— *Tu avais quel âge ?*

— 18 ans? 19 ans?

— *Te rendais-tu compte qu'il se passait quelque chose en toi ? A quoi te destinais-tu ? Laissais-tu la réponse en réserve ?*

— Comme j'avais déjà perdu ma voix, que je n'avais pu apprendre la musique au séminaire comme j'en rêvais, je me destinais à l'enseignement (c'était le seul débouché dans les lettres) et à écrire.

— *L'enseignement; l'idée venait de qui ? de ta mère ?*

— Oui, et de mon goût pour les lettres, pour la littérature.

Mais cela ne suffisait pas! Il fallait que je fasse quelque chose. J'avais devant les yeux l'exemple de mon père qui ne restait jamais à rien faire, et qui disait : « Je n'ai pas d'estime pour un homme qui ne gagne pas son sel. » C'était une expression qui allait très loin parce que « sel » venait du mot « sal ». Le mot « salaire » aussi. A une certaine époque, les hommes étaient payés en sel et, chez nous, ça revêtait tout son sens : pour garder la morue jusqu'à tant que l'acheteur vienne, il fallait la saler. Alors, un homme qui n'avait pas pêché assez dans la journée pour gagner son sel n'avait pas travaillé. Mon père avait donc de l'estime pour l'homme qui travaille, qui essaie au moins « de gagner son sel ». Et moi, je me disais : « Je travaillerai au moins dans un domaine que j'aime. » Je me disais toujours aussi : « En même temps, je vais apprendre des choses, et je vais continuer de m'exercer dans l'art d'écrire et, un jour, je publierai des œuvres et je deviendrai écrivain. »

— *Tu te voyais avec précision dans ce métier d'écrivain ?*

— Oui. Je me voyais écrivain. Mais, comme on ne gagnait pas bien sa vie comme écrivain ou comme poète, à l'époque surtout, je me disais que je serais professeur et puis, à côté, écrivain. J'ai continué d'écrire quand j'étais jeune professeur.

J'ai enseigné pendant sept ans. Ça faisait partie de mes rêves. A un certain moment, j'enseignais le français, l'explication de textes, sur laquelle j'ai toujours de gros doutes. A des gens qui venaient se recycler à l'Université Laval, et qui venaient au cours d'été faire un bout d'explication de textes en poésie et un bout de littérature, un bout d'histoire de la littérature. Et j'ai pu ainsi enseigner à certains de mes anciens professeurs : c'était un luxe ! J'ai pu enseigner surtout à des adultes qui étaient très, très motivés et qui s'intéressaient à l'expérience que j'essayais de vivre avec eux.

Je leur apprenais à faire des vers, et ils constataient que c'était difficile. Ils en savaient déjà un peu plus pour comprendre le travail de celui qui avait fait ces beaux vers que j'essayais de leur faire comprendre. Ce n'était pas tellement une explication critique : c'était une explication admirative pour les poètes qui avaient écrit les textes. Une explication qui était plutôt un cheminement, une espèce de démarche d'amour envers les textes.

Ce dont j'avais peur par-dessus tout, c'était qu'ils trouvent ça ennuyeux. Alors, je m'arrangeais pour varier et raconter des choses qui n'étaient pas dans la biographie ou dans la vie du poète, mais raconter, expliquer la technique qu'il fallait utiliser, qu'il fallait apprendre pour arriver à faire des vers comme ça et s'exprimer comme ça, dire ce qu'on a envie de dire dans un corset pareil. Ils étaient très fidèles au cours, ça oui! mes cours étaient très suivis!

— *Ils étaient tous adultes ?*

— Oui! Des professeurs de vingt à cinquante ans! Les cours me plaisaient parce que j'avais affaire à des gens qui en avaient envie. A l'école technique, j'avais affaire à des jeunes qui étaient envoyés là parce que personne ne pouvait les endurer dans les établissements scolaires, ou pour toutes sortes de raisons, parce qu'ils ne pouvaient pas se rendre au collège, parfois. En général, ils étaient envoyés là pour être placés, pour être en garderie quelque part. Ils n'étaient pas très intéressés eux par contre.

— *En dehors du fait que tu gagnais ta vie dans une matière qui te plaisait et que cela te permettait d'attendre une meilleure fortune, l'enseignement t'a-t-il enseigné quelque chose ?*

— Ça m'a apporté beaucoup sur le plan du spectacle!

— *Tu y as donc exercé des dons d'animateur ?*

— Oui. J'y ai appris que les élèves apprenaient quelque chose quand on les y intéressait, quand on captivait leur attention sur ce qui se passait dans la classe. Quand on était présent, on était efficace; et

quand on était moins présent, quand on faisait sem-
blant de travailler, qu'on ne travaillait pas réellement,
il ne se passait rien du tout. Et puis, il ne fallait pas se
prendre au sérieux : ou, pour un professeur qui pré-
tendait tout savoir, il ne fallait pas jouer à posséder
toutes les connaissances et être celui qui daigne dis-
penser le savoir. Il ne fallait pas jouer au maître, tout
simplement. Il fallait être le maître, mais que ça
s'impose de soi et qu'on ait pas à le dire. Il fallait que
l'autorité soit reconnue d'elle-même, partant de la base,
de l'élève. L'élève sait reconnaître une autorité, de
lui-même. Tu as beau disposer de pouvoirs énormes
s'il ne reconnaît pas ton autorité tu ne lui apporteras
rien. Comme tu le vois, j'ai appris pas mal de choses!

— *A cette époque, est-ce que tu suivais l'actualité du
spectacle ? Est-ce que tu « sortais » ?*

— Non, pas beaucoup. Mais c'est à l'époque de ce
professorat que j'ai commencé de faire des spectacles
et de la scène, diriger la « Troupe des Treize », etc.

— *Sur la fin, ou pendant toute cette période ?*

— Sur la fin.

Nommer ceux
qui gagnent leur sel

FRANÇOIS-RÉGIS BARBRY — *Lorsque tu t'es lancé, qu'est-ce qu'on chantait au Québec ? Qu'y avait-il sur place ?*

GILLES VIGNEAULT — Beaucoup d'artistes français bien sûr! c'était la colonie exemplaire! Ils venaient, pratiquaient les prix qu'ils voulaient et il n'y en avait que pour eux, ici. Il n'y avait personne parmi nous capable de donner, par exemple, ce qu'on appelle un *One Man show*.

J'ai eu la chance (j'ai été finalement pas mal chanceux!), j'ai eu la chance, en 1960, d'arriver dans la chanson — tard pour moi, mais très tôt pour le métier — juste au bon moment. Le Québec venait de sortir d'une époque de noirceur, le régime Duplessis qui avait duré seize ans, et pendant lequel on ne pouvait pas dire ni faire grand-chose de nature à réveiller l'opinion.

— *Les gens s'en rendaient-ils compte ?*

— Non.

— *C'était vraiment de l'aliénation ?*

— Oui. Le gouvernement a tout de même changé et c'est à ce moment-là que sont arrivés des hommes comme René Levesque (qui est où l'on sait aujourd'hui), Paul Gerin-Lajoie (qui, de l'autre côté, est ce qu'on sait aujourd'hui), Jean Lesage, qui ne pratique plus la politique (mais fait toujours des affaires, je crois). Tous ces messieurs sont arrivés au pouvoir avec d'autres manières de voir, avec la volonté de changer la situation. Leur mot d'ordre était : « Il faut que ça change. » Et vraiment pour cette période-là beaucoup de choses ont changé.

Par exemple : Dans le domaine de l'éducation, les vues politiques de Lesage étaient, à mon avis, de droite; celles de Levesque de gauche; celles de Gerin-Lajoie hésitantes, centristes, incertaines. Mais ils œuvraient quand même dans le même sens. Et on voyait se dessiner la politique du Québec sous un autre profil.

— *C'était « la révolution tranquille ».*

— Lesage a appelé ce changement « la révolution tranquille ». C'était bien dans sa nature de trouver une formule pour habiller ses opportunismes politiques et sa volonté de pouvoir. Lesage reste quelqu'un de difficile à définir parce qu'il a été capable d'abandonner totalement sa volonté de pouvoir. Peut-être qu'il y a été aussi un peu obligé? C'était peut-être plus prudent et plus simple. Bref, il ne fait plus de politique aujourd'hui, à moins que... pour le référendum...?

— *Avant Lesage, il y avait une véritable censure qui s'exerçait contre tout ce qui pouvait manifester un sentiment nettement québécois ?*

— Ah! si on manifestait des sentiments québécois, il fallait que ça s'appelle « autonomisme ». Il fallait que ça soit dans des formules permises à l'époque. Permises par qui? par M. Duplessis, qui avait une autorité totale sur « son peuple » et qui pouvait en faire ce qu'il voulait, le faire voter où il voulait, quand il voulait, comme il voulait. C'était une chose entendue. M. Duplessis, ayant toute autorité, était, par définition, un dictateur. Il ne faisait pas assassiner des gens mais il pratiquait une sorte de dictature pacifique. Son seul rêve était de gagner les élections. Tous les moyens étaient bons pour ça. Il avait le contrôle complet de la Province qu'il maintenait dans l'obscurantisme, dans la résignation et le non-développement. Il faisait des routes, des écoles, il construisait, et ça correspondait à beaucoup de contrats de ciment et d'asphalte, de briques et de matériaux de construction, de bois. Il y avait de la concussion dans son régime : les scandales qui se sont fait connaître ensuite sont, je crois, aussi grands, toutes proportions gardées, que les scandales qui sortiront après le régime des « libéraux » que nous venons de renvoyer.

— *En 1960, il y avait des intellectuels, des écrivains et des artistes au Québec. Y en avait-il qui élevaient le ton contre cet autoritarisme étouffant ?*

— Ah! il y en avait beaucoup qui élevaient le ton contre Duplessis! Parmi ceux qui ont crié le plus fort contre Duplessis, il y avait un certain Pierre Elliott-Trudeau. Ce qui n'est pas inintéressant. Je pourrais te sortir des articles, des papiers de *Cité libre,* une revue qu'il animait avec Pelletier, et qui était très virulente contre Duplessis. Et il est curieux de voir des gens se retrouver de l'autre côté de la barrière d'un seul coup, après certaines élections... Parmi les artistes, il y avait bien des gens qui pressentaient le changement.

— *Qui ?*

— Je pense à un monologuiste comme Jacques Normand, entre autres. Je pense à ceux du Bœuf-qui-rit et un autre cabaret qui s'appelait, tiens, comme par hasard! Saint-Germain-des-Prés, à Montréal! C'était en 58-59.

Certains écrivaient contre le régime mais personne n'entreprenait une action politique sérieuse. Beaucoup pourraient faire l'histoire politique de la Province du Québec bien mieux que moi, mais disons que c'était une époque d'immobilisme.

Quand je suis arrivé, le gouvernement changeait. Qu'y avait-il dans la chanson avant que j'y arrive? Félix Leclerc, qui était surtout un auteur de langue française, le « Canadien de Paris » comme on disait, qui n'était pas encore vraiment le grand artiste reconnu par les siens.

— *Il était perçu ici comme un « Canadien de Paris » ?*

— Ici, il n'était pas perçu du tout! Il était même à peine aperçu, et il était là très rarement, et il avait raison. Tiens, l'histoire de Félix, c'est tout à fait l'histoire politique et culturelle de la Province. On n'était pas capable, à l'époque, d'avoir des écrivains, de se persuader qu'on pouvait découvrir un auteur soi-même, l'applaudir et décider que c'était bon; il fallait l'envoyer à Paris. Si Paris disait « Bravo », tout le monde s'exclamait : « Quelle merveille! l'un des nôtres a réussi à Paris! »

— *Il fallait passer par le jugement de l'arrière-grand-mère.*

— On était encore en plein dans cette aliénation. On l'est toujours sur certains plans : la plus grosse librairie qui existe à Montréal, à mon avis, appartient toujours à Hachette, non?

— *A cette époque, est-ce que tu percevais tout cela de la même manière ? Connaissais-tu les chansons de Félix, par exemple ?*

— Oui, c'est Félix qui m'a fait chanter, comme il a donné envie de chanter à tout le monde ici, dans le bons sens.

J'ai connu Félix en 1948, au collège. Et j'aurais bien voulu l'approcher sur la scène, lui parler. Curieusement, c'était chose plus facile avec Pierre Piatigorski qu'avec quelqu'un de chez nous. Et, à mon avis, au collège, on favorisait plus un contact avec un étranger complet qu'avec quelqu'un du pays. Il n'était pas question d'avoir trop d'idées non plus : au séminaire de Rimouski, les curés ne s'appelaient pas tous Georges Beaulieu ! Bref, tout ceci était très empreint du climat de l'époque. J'avais connu Félix en 1948, donc. J'avais entendu ses premières chansons, *Moi, mes souliers*, *Le P'tit bonheur*. J'avais trouvé ça formidable, j'avais beaucoup aimé, et j'ai pris le goût de chanter et composer des chansons. L'année où il est venu, j'ai composé des poèmes que j'intitulais *Chansons*. J'en ai encore, c'est toujours aussi mauvais que c'était à l'époque et je les chanterai pas ! Mais j'ai composé beaucoup de chansons à cette époque-là.

Et puis, Félix a écrit des livres qui m'ont beaucoup, beaucoup impressionné en ce temps-là. On ne le voit pas beaucoup sous cet aspect. Ils m'ont donné le goût de devenir un écrivain. D'autres auteurs m'ont donné cette même envie. Ainsi, j'ai rencontré au séminaire de Rimouski Félix-Antoine Savard. C'est un écrivain poète qui m'a beaucoup impressionné aussi. Il était abbé, il est Monseigneur aujourd'hui et il écrit toujours. Félix-Antoine Savard avait écrit quelques livres dont l'un de ses plus beaux, *L'Abatis*, son premier. Il était écrit dans un français de très belle tenue et racontait des choses de chez nous. Il était nouveau. Je l'ai connu après, puisqu'il a été mon professeur et maître. Il lisait ce que je faisais et me disait : « Ce n'est pas bon ! » Et il me disait dans quel sens aller, que faire, garder et jeter. Il m'a beaucoup appris. Je lui en ai voulu longtemps : aller voir « un vieux grognon » comme je l'appelais, qui vous dit toujours que c'est mauvais ce

que vous faites, ben, des fois, ça peut couper les ailes!
Il faut avoir beaucoup de « repousses » pour digérer
tout ça et continuer d'écrire et de lire.

J'ai donc connu ces deux personnages qui m'ont
beaucoup influencé dès mon séjour au séminaire.

Pour revenir à la chanson, Félix était parti en
France. Moi, en 1952, j'étais à l'Université. On a à
peine su qu'il avait triomphé à l'ABC de Paris et que
ça marchait très fort pour lui. La province de Québec
était fière? La gent intellectuelle de Montréal, peut-être!
Mais on faisait la fine gueule.

C'est curieux, j'ai eu, pour ma part, deux critiques
à Paris, lors de mes débuts en 1966 et 1967, deux très
mauvaises critiques, les deux seules dont je me sou-
vienne : c'étaient deux Canadiens français qui vivaient
en exil à Paris.

— *Ça montre toute l'audace qu'il y avait de chanter le
Québec, à ce moment-là.*

— Ah! oui, on en avait encore honte! Il y avait
donc Félix dans la chanson! Mais il y avait aussi
Raymond Lévêque, qui chantait, lui aussi, à Paris, tout
comme Jacques Blanchet. Claude Léveillée y était allé
avec la Piaf, bien avant moi, bien avant d'autres,
dès 1959.

Ici, je me souviens aussi d'un groupe intéressant
qui chantait avant que je chante : « Les Bozo », composé
de dix ou douze personnes au moins. Au début,
Raymond Lévêque, Jacques Blanchet, Claude Léveillée
et Clémence Desrochers en faisaient partie. Puis Jean-
Paul Filion, je crois, Hervé Broussault, Jean-Pierre

Ferland; je crois même que Jean-Pierre était parmi les premiers. Les Bozo formaient un groupe de quatre artistes qui se sont sans cesse remplacés. Un peu estudiantins à l'époque, mais ils le savaient eux-mêmes, et le voulaient ainsi. Les Bozo chantaient des chansons d'ici et commençaient à y parler de politique. Je les ai vus au cabaret de Jacques Normand, « Le Saint-Germain-des-Prés ». Ça commençait à bouger un petit peu de ce côté-là. Mais, avant eux, des auteurs-compositeurs comme Lionel Daunais, des anciens de l'opérette donnaient plutôt dans la chanson légère.

Comme folkloriste, chanteur de folklore, voix merveilleuse mais caractère de chien, Jacques Labrecque était célèbre. Et puis Ovila Légaré, qui chantait, lui, du folklore, mais de façon plus « populo », non moins intéressante, mais plus près des gens, quoi. Raoul Roy, aussi. Et Tex Lecor qui obtenait déjà pas mal de succès.

Dans le domaine chansonnier, enfin, je revois un type merveilleux qu'on perçoit très mal aujourd'hui parce que c'est loin : Gratien Gelinas. « Monsieur » Gratien Gelinas... est toujours un grand homme de théâtre. Il a été un des premiers Québécois à faire l'unanimité autour de lui avec du matériel uniquement québécois. Authentique. Et ça, ce n'est pas peu dire.

Monologuiste, il s'appelait Fridolin, et il s'est produit je ne sais combien d'années dans les *Fridolinades*. Les *Fridolinades*, ça marchait à fond! Une fois, il a fait 500 représentations avec une seule pièce de théâtre, bon. C'est déjà pas mal. Il a joué deux ou trois ans de suite un personnage vraiment présent pour l'époque! Tous ces artistes-là étaient, disons, des gens en place.

— *Les connaissais-tu? Les suivais-tu dans leur travail?*

— Oui, je les suivais. Je ne les aimais pas tous également, mais je les suivais. Et je les connaissais tous, oui. Enfin, tout juste avant moi, la même année, en 1959, sont apparus des gars comme Claude Gauthier, Pierre Calvé, puis, après, Létourneau et Clémence Desrochers qui faisait ses monologues.

Quand j'y repense, c'était important! Si on regarde la liste des gens et ce qu'ils ont fait depuis, si l'on considère le nombre de chansons qu'ils ont chantées et la pile de microsillons qui se trouvent aujourd'hui dans les discothèques, on trouve un nombre considérable d'œuvres de ce temps-là.

Moi, je suis arrivé au beau milieu de tout ça. J'avais la partie belle : il avait existé quelque chose avant moi, mais il restait encore beaucoup à faire : pour celui qui arrive aujourd'hui, bcn, c'est tout de même plus difficile qu'alors!

Même avec du métier et de la technique, ça prend bien des choses et de l'argent, de bonnes rencontres et toutes sortes de bons contacts pour arriver à enregistrer, pour enfin en vivre. Je pense que ça prend plus de talent aujourd'hui que ça n'en prenait à l'époque. Mais il y avait tant de choses à faire! Les gens avaient envie qu'on fasse quelque chose.

— *Qu'on parle d'eux?*

— Qu'on parle d'eux?... Entre autres choses, qu'on parle d'eux! Moi, je suis arrivé avec un vouloir terrible de nommer les gens. Et je croyais que ça ne s'appliquait qu'aux gens de chez nous, de Natashquan, qui n'étaient pas nommés, qui étaient sur la côte Nord, et ça s'appliquait à toute la province du Québec, qui n'avait pas de noms sur les individus. Pas encore.

— *Tu as tout de suite ressenti ce besoin de cette manière ?*

— Non. Natashquan représentait, d'abord, un exotisme aussi puissant à Montréal que le Québec à Paris aujourd'hui.

— *Mais nommer les gens représentait quoi ? Les sortir de l'anonymat, parce qu'ils ne savaient rien du monde et que le monde les ignorait ?*

— Oui, et puis, en même temps, reconnaître qu'ils étaient géants, des hommes forts, d'une santé que j'étais venu pour traduire : les derniers pionniers.

Je racontais des gens de Natashquan comme Jos Hébert qui était de là-bas. Il était originaire de Sept-Iles, et puis il parcourait Blanc-Sablon et le Havre-Saint-Pierre en traîneau à chiens, l'hiver, comme postillon. C'est vrai : vers 1925, mon père l'a connu, il est venu chez moi. Je n'étais pas né, je ne m'en souviens pas, mais il est venu chez moi !

Un jour mon père racontait à des amis des histoires de Jos Hébert. Je l'avais invité à Montréal pour voir mon spectacle dans lequel il y avait ma chanson sur ce héros. Mais la chanson n'existait pas pour mon père. Il racontait son histoire à lui, une histoire de Jos Hébert et tout le monde écoutait. Moi, j'étais à côté, et bien c'était comme si la chanson et moi nous n'avions jamais existé, c'était très drôle. C'était bien aussi, c'était parfait et véritable, c'était sans équivoque.

Ces personnages-là venaient de Natashquan quand j'en parlais, parce que j'ai commencé à parler tout de suite de chez moi, à dire qui j'étais, d'où j'étais, pour que les gens sachent que je n'ai pas essayé de les tromper avec des mentéries, mais de leur raconter ce que je pensais de la vie, ce que je pensais de moi. Et d'eux.

— *Tu as d'abord parlé des gens et c'est important.*

— J'ai parlé d'abord des gens. La première de toutes les chansons que j'ai chantée en scène, c'est *Jos Montferrand*.

— *Qui a été censurée ?*

— Pour un détail. A cause du climat de la province de l'époque. Une drôle d'histoire, mais vraiment sans importance. Censurée à cause du mot « cul » ! Une expression commune à mon père : il ne l'employait pas de manière obscène, loin de là ! mais j'employais les expressions et le langage que j'avais appris de mon père et de ma mère.

Après *Jos Montferrand*, j'ai écrit *Jos Hébert*, et puis *Jack Monnoloy*, que j'ai écrite en classe, en plein cours, sur les feuilles de l'Institut de Technologie de Québec !

J'ai écrit *Zidor le prospecteur*, également pendant un cours. Cela te donne une idée du pédagogue que j'étais ! Pour moi, c'était très excitant de raconter en une chanson toute la vie d'un personnage. Je trouvais ça passionnant. C'était une gageure, un défi. Les défis me provoquent comme beaucoup de monde. Je sais ce que je révèle en disant ça, mais oui, je ressemble à tout le monde et je ne veux pas essayer de le cacher.

— *Tu avais envie de te mesurer ?*

— Oui, c'est ça, et de me mesurer aussi avec les personnages qui m'entouraient. Cela ne réussit pas toujours. Certains sont inhabitables en scène et se refusent à passer. Il y a des personnages que j'ai essayés en monologues, en chanson et qui n'ont jamais passé : *Bidou la Main* par exemple. C'était un personnage qui me plaisait bien. Un de ses couplets disait :

« Bidou la Main c'est un voyageur
Il n'a pas peur d'un verre
C'est un menteur puis un conteur
Un grand buveur, un grand menteur
Vraiment pour être voyageur
Il faut savoir tout faire... »

Cette chanson ressemblait à un vieux Noël sur le plan de la musique. En tout cas, c'en est une qui n'a pas marché. Elle racontait la vie d'une espèce de revendeur de bric-à-brac, un peu filou, un peu politique. En tout cas, pas très avenant et peut-être que c'est pour ça que cela n'a jamais marché. Les gens voulaient de l'honnêteté dans tous les personnages. Sans doute n'était-il pas assez généreux ?

En tout cas, il y a des personnages qui n'ont pas marché dans mon sillage. Mais il y en a d'autres qui se sont laissés habiter, eux, tout de suite. *Ti-Paul-la-Pitoune* par exemple, la première fois que je l'ai chantée en scène, les gens étaient debout! C'est bien agréable. C'est le public qui crée le personnage au moment où il dit : « Bravo à celui-là! » « Celui-là, on le reconnaît! » Alors, il le crée véritablement et le personnage se tient. Il n'a qu'à se tenir debout, il n'a pas besoin de gesticuler, de crier. Il est vu.

— *Contrairement à ce que l'on croit, ce n'est donc pas le « Pays » que tu as d'abord chanté, mais des hommes de chez toi.*

— J'ai commencé à chanter des gens, parce que je trouvais injuste que des gens aussi valables, aussi valeureux que Caillou-la-Pierre, que John Débardeur, que Jean du Sud, que Zidor le prospecteur, que Ti-Franc-la-Patate, que Ti-Paul-la-Pitoune et tous les autres soient voués à l'oubli parce que personne, pas un journaliste ne les avait approchés, rencontrés, et pensé qu'il y avait quelque chose d'intéressant en eux.

— *Pour toi, c'était compréhensible pour beaucoup de raisons. C'était ton enfance et les histoires que tu avais entendues.*

— Oui, certains personnages correspondent à des gens que je n'ai pas nommés. Par exemple, il y en a deux qui ont eu une influence marquante sur ce que j'ai fait et qui ne s'en doutent pas tellement. L'un deux est mort; il s'appelait Lorenzo Boudreault. On l'appelait Zozo. Et l'autre, c'était Hormidas Thériault qui est toujours vivant. C'est une espèce de géant qui a aujourd'hui 70 et quelques années. Solide, un gaillard incroyable, une grande nature d'homme. Et généreux! Généreux dans tout, c'est-à-dire : il parlait beaucoup, il buvait encore plus, tenait tout ce qu'il buvait, mangeait beaucoup, sacrait, riait, vivait beaucoup, voyageait énormément. Il avait un bateau. Je me souviens du bateau! Dans l'enfance, chez nous, quelqu'un qui avait un bateau c'était un héros! Il y avait les barques, des barques de pêche, des voilures pointues des deux bouts. Le sien était presque une goélette! ça relevait du break, du brigantin. On avait l'impression qu'il prenait des allures de frégate, une fois en mer. Un gars qui avait un bateau, c'était une espèce d'aventurier qui frisait le pirate!

Je me souviens : Midas Thériault trafiquait. Il trappait. Il était pêcheur et trappeur. Pas peureux sur l'eau, ça compte aussi! Les gens le considéraient beaucoup à cause de ça. C'était un gars honnête, c'est important. Il achetait la fourrure, la revendait, mais surtout trappait lui-même. Je me rappelle qu'il avait des piles de fourrures. Moi, quand j'étais petit, ben, j'en ai vu aussi des piles accumulées par mon père. J'ai vu, dans le salon, chez nous : 25 loutres, 150 renards, 200 castors, du rat musqué, de la martre, du vison, du loup, du loup-cervier, du lynx, de la belette, de l'hermine. Toutes ces fourrures-là avaient une odeur qui envahissait le salon! Ma mère était furieuse, parce qu'il fallait des mois de nettoyage au vinaigre pour que l'odeur s'en aille! Mais c'est ce qui faisait des sous. Quand j'étais petit, un jour mon père a pris un renard qui valait 720 dollars. Un renard! Ça se vendait probablement en France, à des gens qui avaient les moyens de l'acheter, j'imagine, et qui n'auraient pas eu froid l'hiver de toute façon s'ils ne l'avaient pas eu! Mais 720 dollars! Mon père m'a dit ça, mais moi j'étais tout petit, j'étais trop petit pour savoir le prix et me rendre compte. Mais j'ai probablement touché « le » renard. Il paraît que j'avais un an, quelque chose comme ça. Mais mon père avait pris un renard qui valait ça. Il a pris souvent un loup-cervier, il l'a vendu 200 dollars, 300 dollars, des prix fabuleux. Ici, je ne voudrais pas donner de mon père l'image du trappeur qui fait fortune. Dans la fourrure, une année mange l'autre. Si je me souviens d'un prix... c'est que ce n'était pas... l'ordinaire. Ça revient d'ailleurs, c'est amusant de constater ça, ça revient comme la mode qui s'en va et qui s'en revient, et qui est la même toujours. Il faut s'habiller pour survivre, pour ne pas avoir trop froid l'hiver. Et les dames un peu plus!

Midas et Zozo donc, pour toutes ces raisons, devenaient des héros, des gens fabuleux qui traversaient les mers, les forêts, qui s'en venaient sur la côte avec des bateaux, des traîneaux, des attelages, des équipages terribles, et revêtaient l'aura des mythes qu'on connaît par les bandes dessinées. J'avais même du mal à les croire quand je les touchais, quand ils dînaient chez nous, à la table, à la cuisine, et que ma mère leur faisait à manger. J'avais du mal à les assimiler comme réels, avec les exploits que je leur supposais. Mon Dieu, c'était leur vie ordinaire! Et il n'y en a pas un de ces deux-là, de ces vingt-là qui te raconteront qu'ils ont fait des exploits. Ils te diront qu'ils vivaient simplement la vie de ce temps-là, et que des fois c'était difficile. Ils conteront des tempêtes qu'ils ont vécues, mais ils ne

se prenaient pas pour des héros du tout. C'était dans
cette mesure qu'ils l'étaient vraiment. Ils ne se prenaient pas du tout pour des « cracks ». Ils faisaient, à
mesure, ce qui leur semblait nécessaire.

J'ai eu tout de suite envie de raconter ces hommes
qui, comme disait mon père, « gagnaient leur sel ».
C'étaient pas des faiseux, ni des parleux. Ils parlaient
aussi beaucoup, mais n'étaient pas des conteux de
peurs : c'étaient des hommes qui gagnaient leur vie,
avec un sens du respect de l'autre important, avec un
sens de la justice, même pour les bêtes. Ils avaient des
attelages de chiens. Ce n'était pas toujours facile à
mener un attelage de chiens. Les chiens étaient
domptés pour tirer les traîneaux. Si un chien était
malade, ils le prenaient à bord du traîneau. On me
dirait que c'était la moindre des choses aujourd'hui
dans les associations de défense des animaux. Moi, je
dirais à ces gens que, pour apprécier ce que ça veut dire,
il faut avoir conduit un traîneau à chiens. Il faut avoir vu
les chiens se battre, et pas aller oser les démêler de peur
de se faire manger tout rond. Et là, on cause d'humanité
envers les chiens de traîneaux. Ben, autrement c'est de la
littérature, et c'est de la littérature plus enviable que de
la littérature de guerre, bon, que la publicité qui nous
dit : « Si vous voulez connaître la vraie vie, si la vie
vous intéresse, engagez-vous dans les forces armées. »

— *Des personnages généreux, donc justes, des personnages
hauts en couleur, exceptionnels dans leur simplicité ?*

— Oui. En 1951, j'ai fait une expérience drôle et
passionnante et qui m'a beaucoup apporté, très enri-

chissante. Je cherchais un job pour l'été, et un mois
après, je suis allé faire un recensement : Tous les 51,
61 et 81, il y a recensement dans le Canada, et il faut
aller voir dans toutes les maisons, ce qu'il y a de monde
et combien il y a de laveuses de vaisselle, et autres.

Dans ces régions-là, aujourd'hui la laveuse de vaisselle est apparue mécanisée, mais autrefois c'était surtout une servante.

J'ai obtenu un emploi d'été pour aller faire le
recensement et j'ai visité chaque maison de Havre-
Saint-Pierre, à Blanc-Sablon ce qui représente une
bande de terre de 700 kilomètres de long. Et vraiment,
ça représente beaucoup de maisons et beaucoup de
travail. On le faisait en petit bateau avec Jean du Sud,
c'est-à-dire mon oncle Jean qui chantait *Une lettre
d'amour que je garde toujours*, surtout quand il avait pris,
un coup ! Et Pascal, un gars du Havre-Saint-Pierre, qui
travaille aujourd'hui à l'Hydro-Québec où il doit être
directeur maintenant, et Patrice Vigneault, l'autre
étudiant de Natashquan. Ensemble, on a sillonné la
côte Nord, et on s'est arrêté, chaque fois, dans chacune
des maisons.

— *Ce qui a provoqué de longues conversations ?*

— Ce qui a surtout occasionné la prise de contact
avec la vie réelle des gens. Quand on passe longtemps
dans une famille de village, on a une prise de contact
avec la vie réelle de ces gens-là, le quotidien. Mais si
vous passez un petit moment dans *toutes* les maisons
d'un village, on a aussi une connaissance très précieuse
qui donne une image plus floue, impressionniste, mais

aussi exacte que le profil, l'image bien découpée et
bien dessinée d'une famille. Ça m'a donné une prise
de contact avec tous ces gens-là.

Un jour, je me suis retrouvé à Harrington, sur une
île, c'était simplement une montagne qui sortait de
la mer. J'escalade la montagne, parce qu'il n'y avait
rien d'autre à faire que de grimper au sommet. Oh!
ça avait peut-être 300 mètres d'altitude, je n'avais que
ça à faire puisque c'était dimanche et qu'on ne travaillait pas.

Arrivé au sommet de la montagne, je vois une femme
étendue au soleil. Elle n'est pas en costume de bain; elle
ne prend pas un bain de soleil, elle est là et elle dort.
A 17 ans, ça ressemble à un conte et c'est un roman!
Et je m'assieds à côté d'elle. Elle s'éveille et on se met
à parler. C'était une Américaine qui a deux fois
mon âge, au moins, qui s'appelait J. Bostwiek. J'ai
longtemps oublié son nom, puis, en t'en parlant, là, je
retrouve... Elle aime la poésie : sa tante, ou sa mère, est
poète et elle a publié. On a correspondu plus tard,
elle m'a envoyé un livre, elle s'appelait Mary Janfield
Adams. On parle, on parle de mon travail et du sien.
Elle est garde-malade, infirmière à l'hôpital. On est
devenu d'excellents amis. Elle s'en retournera aux
États-Unis, je la perdrai de vue, mais on s'écrira plus
tard un peu. Mais, dans l'après-midi, on a fait le tour
un peu de la montagne. Et, sur cette île, sur cet îlot,
tout nu en mer, on a trouvé une tombe. Et si je me
souviens du nom de la vivante qui était avec moi, je
ne me rappelle pas le mort qui était sous la dalle. Je
regarde la tombe. Je me souviens qu'on lisait très mal
le nom parce que c'était effacé avec le temps... Et,

là, j'ai reçu la dalle en plein front. Je me suis dit : « Il y en a donc des morts dont personne n'a jamais parlé, qui n'ont jamais eu le plaisir de voir leur nom imprimé même sur leur épitaphe, sur leur pierre tombale! » puisqu'on la fabrique toujours après la mort de l'intéressé!

— *Évidemment.*

— Je me suis souvenu de l'importance que ça avait pour nous, enfants. Un de mes premiers poèmes publié dans *La Vie écolière*, au séminaire de Rimouski, parlait de l'importance de voir mon nom imprimé dans le journal.

— *Cela t'apparaissait-il comme une confirmation d'existence ?*

— Oui. Le nom revêtait une dimension qu'il n'avait pas si on le prononçait. Et je me suis promis d'en parler. C'est beaucoup à cause de cette pierre tombale que j'ai trouvée et de cette Américaine J. qui me l'a montrée, que je me suis entêté plus tard à parler des personnes.

— *Pour faire reconnaître leur vie...*

— Je le découvre un peu en te le racontant. J'ai pensé déjà à ça, mais ça ne m'a jamais frappé autant comme rapprochement. Aujourd'hui, je suis sûr du rapprochement. C'est à partir de détails de ce genre qu'on s'engage dans tout ce qu'on fait, qu'on écrit tout ce qu'on écrit. Les démarrages sont tout petits.

— *On les oublie même, parfois ?*

— On les oublie la plupart du temps. On ne sait pas d'où ça vient. Et c'est amusant de savoir de temps en temps d'où ça vient, d'où viennent nos actes. Et d'où vient une espèce de ligne directrice comme celle-là.

— *Je comprends que tu te sois acharné à leur donner cette portion d'éternité que tu pouvais leur donner en en parlant.*

— Oui, le dialogue, c'est pour ne pas mourir, et pour ne pas laisser les autres mourir, pour empêcher les autres de mourir.

Nous ressemblant
nous rassembler

FRANÇOIS-RÉGIS BARBRY — *Il est très curieux que ce soit par la chanson que tu assouvisses ce besoin d'habiter ces personnages qui identifient ton existence. Beaucoup auraient d'abord songé au théâtre. D'ailleurs, cela semble plus logique, non ?*

GILLES VIGNEAULT — C'est vrai que j'ai eu énormément envie de faire du théâtre. J'ai même « soi-disant » dirigé une troupe, « La troupe des Treize », pendant un temps.

— *Pourquoi : « soi-disant » ?*

— Oh! parce que je n'étais pas un véritable directeur, avec seulement 400 dollars de budget! J'étais un étudiant qui cherchait quelque chose, et qui ramassait des bribes là où il les trouvait. Mais j'ai eu terriblement envie de faire du théâtre. Si bien que, vingt-deux ans après

en avoir fait en amateur, j'ai été engagé il y a deux ans
pour jouer dans une pièce de Dario Fo. J'ai beaucoup
aimé l'expérience, mais j'étais moins bon comédien que
je ne le présumais. On est toujours sûr de soi quand on
s'en va là-dedans : « Oh! qu'est-ce que je vais leur
montrer! » Ben, non, je ne leur ai pas montré grand-
chose! J'ai montré que j'étais simplement plus fort et
que j'avais plus d'engagement et de dégagement dans
les textes que j'écrivais moi-même.

— *Dans le « théâtre de Vigneault ».*

— Si l'on peut dire!

— *Dans tes chansons, alors ?*

— Dans mes chansons qui veulent être très souvent
des pièces de théâtre, qui essaient de raconter la vie
entière d'un personnage, à travers des scènes. Et il y a
très peu, dans mes chansons, de personnages qui peuvent
se passer de paroles. Je parle au milieu d'elles, si bien
qu'il y a des chansons dont les paroles sont tout à fait
« écrites » complètement comme pour le théâtre. Dans
Paulu Gazette par exemple, toutes les paroles, tout ce que
je dis en dehors des couplets est écrit dans le moindre
détail.

— *Il y avait donc là pour toi une manière d'assouvir ce
besoin d'exister à travers d'autres ?*

— J'avais besoin de m'exprimer, ce que j'ai eu
envie de devenir à travers toute ma galerie de portraits,

à travers le comédien que je voulais être, du poète que j'aurais voulu être, du chef d'orchestre que je n'ai pas été, du musicien que je ne suis pas devenu. Tout ceci fait le « chansonnier » que je suis, que je continue de devenir tous les jours...

— *Tu sembles oublier ton propre acquis de réflexions, de convictions : tout ce que tu avais dans les poches, comme on dit ?*

— Oui, dans les poches, comme on dit. Comme l'harmonica! Ah! c'est tout ce bagage-là qui nous fabrique et que l'on sort... si on le sort au bon moment, ça donne l'impression d'avoir vécu, et ça donne l'impression aux autres qu'on raconte du vécu. L'impression justifiée d'ailleurs, parce que je n'ai raconté que des choses que j'ai vécues de près, et je n'ai raconté que des personnages, dont je n'ai pas vécu la vie, bien sûr, pour tous, mais des personnages dont j'ai vécu des bribes d'existence et que j'ai connus, eux.

La comparaison du poète avec le géant dans *Jos Montferrand*, ben, c'est une comparaison avec le poète que je voulais devenir quand j'étais au collège. Je disais toujours : « Comme Valéry! » car Valéry était encore vivant à l'époque.

— *Pourquoi donc ce pari d'égaler les géants ? Qu'est-ce qui t'a décidé à monter sur scène ? Il faut quand même un sacré culot pour se produire ainsi devant des milliers de gens ?*

— Oui, je m'en rends compte aujourd'hui. Curieusement, c'est le public. C'est pour beaucoup le public qui m'a poussé à relever ce défi, comme tu dis.

— *Mais le public ne te connaissait pas, à cette époque ?*

— Au moment où je me suis lancé dans la chanson en 1960, on venait de changer le gouvernement. J'avais quelques amis à Québec : Pierre, Marie et Yves, qui ont aujourd'hui chacun leur métier. Marie Savard, elle, continue d'écrire et c'est un bon auteur, Marie. Il y avait aussi Leblond. Ensemble, on avait créé une sorte de lieu, en 56-57, qu'on appelait « Les Arlequins ». Il y a eu Arlequin 1, Arlequin 2, Arlequin 3. Moi, j'étais alors professeur et, après mes cours, j'allais à l' « Arlequin ». On prenait du café. J'ai écrit une chanson là-dessus, qui n'était pas mauvaise et qui ressemble à une de ces vieilles chansons de métiers, dans le genre : *Ah! que c'était bien, le pain de la butte*, ou *Freddy, joue-moi sur ta guitare...* Cette chanson racontait « Dans le vieux quartier, cette rue-là était un escalier. » C'est vrai : l'avenue est toujours là à Québec, et elle est en escalier : ça part de la rue de la Montagne et ça descend sous le vieux port.

Dans cette rue, nos « Arlequins » étaient de petits bouges de rien du tout, pas aussi grands que « L'Échelle de Jacob » à Paris, mais au plus la moitié. On s'y réunissait, on y parlait en buvant et en fumant. On parlait d' « art »! On parlait de chansons. Un jour Raoul Roy s'en revint d'Angleterre et, en débarquant aux « Arlequins », nous chante *Mon pote le Gitan*, qu'il avait ramenée de France, avec sa guitare. Raoul Roy, c'était un aventurier, pour nous qui vivions le petit quotidien du professeur ou du peintre, avec tant de temps pour réussir.

Quand Raoul s'en est venu au milieu de nous, il

s'est mis à chanter devant nous tous, Jacques le journaliste, Claude Fleury, le peintre, Tex Lecor qui chantait, Christian Larsen, à qui on doit le premier ouvrage
sur la chanson québécoise, Hervé Broussault, José qui
écrivait des monologues, Marie et les autres.

C'est étonnant, mais je crois que c'est à ce moment-
là que l'on s'est rendu compte qu'il fallait faire quelque
chose. Nos « Arlequins » s'étiraient au fil des mois, on
voulait trouver autre chose. Nos petits « cafés Pro-
cope » ne nous satisfaisaient plus. Nos tentations de
« Bœuf-sur-le-toit » devaient, à n'en point douter,
déboucher sur des tentatives...

« Les Quat-Z'arts » ont été notre coup d'essai. La
fondation d'un lieu qui n'était plus seulement un carrefour mais aussi un foyer de création. Il faut être
modeste, c'était seulement un début, un tout petit
début. On y venait, on regardait, on écoutait.

— *Il y avait un programme ?*

— On parlait, on buvait, tiens! Villandret, l'archi-
tecte, était là et jouait aux échecs; Denis Morisset, le
peintre, n'y manquait pas non plus, pas plus que
Micheline Gagnon. Pendant ce temps-là, j'avais créé
les Éditions de l'Arc. On avait beaucoup de projets,
on éditait quelques livres, on sortait aussi une revue
de poésie qui s'appelait Emaurie, sans aucune publicité. On y avait refusé toute espèce de marchands et de
marchandages. Oh! pureté, oh! pureté! C'en était une
de bon aloi celle-là. On avait raison!

Ensuite je dirigeais « La troupe des Treize ». On y a
monté *Les Plaideurs* de Racine et *Les Enfants terribles* de

Cocteau. Je crois qu'on n'en a guère fait plus. Un peu plus tard, un nommé Patrick Antoine est venu nous enseigner un peu les rudiments de la méthode de Staninlanski. Quelle affaire! quelle aventure!

Tout ceci nous « fabriquait ». On ne saura jamais à quel point ça nous bâtissait!

— *En somme, c'est ton époque « bouillon de culture » ?*

— Exactement. On s'arrêtait à une galerie de peinture installée sur la côte de la Montagne. On allait chez un peintre, on allait chez M. Chabot, l'imprimeur, au Palais Montcalm où il y avait toujours des spectacles. On fréquentait le café de la Paix. Tous ces petits détails, toutes ces petites choses-là se vivaient en même temps.

Un jour Jean Leblond apparaît tout à coup : « Tiens, je reviens de Paris, et, dit-il, là-bas, j'ai vu des places qui sont bien belles et que l'on pourrait appeler des boîtes aux chansons! » « Ah! dit Marie, c'est une bien jolie formule, une bien belle façon d'appeler ces endroits. »

Jean Leblond m'avait raconté ce qui se passait entre autres à « La Chanson-Galande ». Quand je suis allé à Paris en 1963 (la première fois) je me suis précipité à « La Chanson-Galande » pour voir à quoi ça ressemblait ce cabaret qui avait provoqué tout notre branle-bas. Et, en plein été, comme ça, on a décidé de fonder « La Boîte-aux-chansons », ce qui nous a mobilisés d'une manière incroyable. Tous autant que nous étions, on réapprenait par cœur des chansons paillardes! Fallait-il d'ailleurs les réapprendre vraiment? Cela nous revenait bien facilement à la mémoire : des poèmes du Moyen âge, des pièces innocentes, et d'autres moins, comme *Le Mot* de Sacha Guitry. Et surtout des chansons. Des chansons, on en savait des centaines. Et moi, je commençais tout juste à en écrire quelques-unes.

— *Ta toute première chanson « officielle » s'intitule donc* Jos Montferrand.

— Je l'ai écrite en 1958. Cela fait bientôt vingt ans, te rends-tu compte! Je t'ai déjà parlé de Jacques Labrecque, ce grand artiste de chez nous qui puisait son répertoire surtout dans notre folklore. Il avait entendu *Jos Montferrand* chez nous et l'avait enregistré avec sur l'autre face du disque *Jos Hébert*. Son disque avait bien marché et il venait donc nous voir de temps en temps. Du coup, il m'en redemandait d'autres. Un soir, il arrive et me dit : « Écoute, il faudrait que tu m'écrives une autre chanson pour le Carnaval de Québec, avec beaucoup de santé et beaucoup de « mollets ». Il faudrait qu'elle fasse danser. » Lui pensait sans doute aux danses de l'époque. Moi, je pensais aux danses de chez nous et surtout à ces diables de musiques que nous jouait Odilon Carborneau, le violoneux de Natashquan. C'est ainsi que j'ai écrit *La Danse à Saint-Dilon*. Jacques Labrecque m'avait provoqué. Le même jour, j'ai même écrit *Ti-Paul-la-Pitoune*.

— La Danse à Saint-Dilon *demeure, quinze ans après, l'une des pièces maîtresses de ton répertoire, une de ces chansons sans lesquelles le public ne te laisse pas sortir de scène.*

— Quand on pense que plusieurs de ces chansons sont nées sur la même feuille! Tu vois que cela ne part pas de grand-chose, une chanson. L'excitation, l'enthousiasme, la provocation.

Au mois de juillet, « La Boîte-à-chansons » était bien partie et moi j'avais une dizaine de chansons à mon actif. Jean Leblond m'entraîne : « Allez, viens donc avec nous ! » Moi : « Je n'ai pas le temps, mais si ça peut vous donner un coup de main... » C'est ainsi que j'ai commencé à chanter en public. D'abord avec Marie, l'écrivain. On chantait *Je voudrais bien me marier.* Chanter est d'ailleurs un bien grand mot puisque j'avais une voix de crapaud. Ça n'a pas changé, sauf que j'ai un peu plus de métier, un peu plus de voix tout de même. Donc, je chantais à « La Boîte-à-chansons » où l'on était « fou ». Un propriétaire nous avait loué le local et tout cela marchait gentiment. On a fait venir du monde : Pauline Julien, Catherine Sauvage, des artistes qui, eux, ne passaient pas dans les cabarets chics au milieu des danses et du strip-tease.

— *Toute la rive gauche parisienne de passage à Montréal ?*

— Ce n'était pas si simple. Brassens aurait pu venir chanter chez nous, par exemple. Mais le hasard des contrats l'avait fait passer chez Gérard, une boîte affreuse. Tout comme Charles Trénet. C'était quelque chose, la manière dont Trénet travaillait ici ! Il comptait les spectateurs et ne chantait que s'il estimait qu'il y avait assez de monde. Sinon il s'abstenait. A une admiratrice qui lui faisait remarquer que le cabaret où il se produisait n'était peut-être pas digne de lui, en ces termes : « Mais Monsieur Trénet, vous n'allez pas vous produire dans un bordel ! », il répliquait calmement :

« Mais Madame, quand j'y serai, ça n'en sera plus un! » Il avait une belle conscience de la manière avec laquelle il transfigurait les lieux!

— *C'est donc à ce moment-là que remonte ta première rencontre avec Georges Brassens ?*

— Brassens est venu en 1961. Il serait venu chez nous, il aurait fait un triomphe, il était attendu par un public qui, sans bien le connaître, aurait fait fête à ses chansons. Georges en garde un souvenir... « périssable ». Quand on lui en parle, il n'écoute pas, et il a raison. Il se souvient peut-être qu'après mon propre tour de chant, j'allais l'attendre chez Gérard et je l'accompagnais à l'hôtel, considérant comme un honneur de porter sa guitare. J'admirais beaucoup ce qu'il faisait. J'admire toujours, d'ailleurs.

— *Mais toi, personnellement, comment s'est produit ton premier passage, seul, devant le public ?*

— Un soir, le 5 août 1960, Yvon Bélanger qui a été un an mon pianiste me dit : « Vas-y, chante un couplet. » Pour rigoler, mort de rire, c'est vrai, je chantais après mes folies. J'ai commencé à chanter *Jos Montferrand*. Le premier couplet. Triomphe! Bravo! Il y avait cent cinquante personnes, et le public a crié : « Un autre couplet! », parce qu'il savait combien il y en avait. J'ai chanté deux autres couplets. Ah! triomphe et tout! Le lendemain je l'ai apprise par cœur, et le soir, je l'ai rechantée. Vaillamment. Allons-y! Et, après, tous les soirs, j'ai été obligé d'en ajouter une. Je ne les savais pas par cœur mes chansons, puisque je les composais pour d'autres!

— *Tu lisais tes papiers en scène ?*

— Non, alors, je les apprenais par cœur dans la journée et j'en chantais une nouvelle tous les soirs. Et, à l'automne, j'en avais au moins quinze que je savais par cœur. J'ai alors donné une espèce de mini-récital, tout seul.

— *C'était donc allé très vite ?*

— Très, très vite. Je ne l'ai pas vu passer. On ne s'est pas rendu compte du tout de ce qui se passait. J'étais professeur en même temps et je donnais des cours! De temps en temps, je retrouvais certains de mes élèves dans la salle : « Bravo! » Puis le matin, ben l'autorité s'en ressentait!

— *Pourtant, tes potaches devaient être ravis ?*

— Ah! ravis! « On a le seul professeur qui compose et qui chante des chansons dans les cabarets le soir! »

— *Et les parents, qu'est-ce qu'ils en pensaient ?*

— Ah! les parents, je pense bien qu'ils trouvaient ça assez léger, mais je n'en ai jamais eu d'écho sérieux. Et les autorités ont dit : « Il va falloir réfléchir à tout ça. »
Et puis là, l'éphéméride s'est déroulé. L'hiver, je

suis allé au « Chat-noir ». C'était une boîte-à-chansons qui s'était créée à Montréal. En 1964, il y avait déjà 55 « boîtes-à-chansons » dans la province du Québec. Il y avait d'autres auteurs-compositeurs qui ont trouvé le moyen de venir. J'ai fait chanter Jean-Pierre Ferland, dans ma boîte, et Ferland m'a fait chanter à l'« Anjou ». On faisait des échanges.

— *Le public a-t-il été tout de suite... sensibilisé ? Jusque-là vous étiez entre connaisseurs, artistes et amis ?*

— Oui, tout de suite : le public avait besoin de ça. Il désirait autre chose que ce qu'il y avait dans les salles officielles. On ne faisait pas du théâtre et il y avait de quoi parler, on pouvait boire un coup. Mais on insistait beaucoup sur le fait que c'était une boîte, pas un cabaret. Le cabaret, ici, c'est vraiment la boîte où il y a autant de strip-tease que de la danse mondaine... On tenait beaucoup à avertir le client de ce qui se passait. Oh! il y a eu toutes sortes de gens intéressés. Tout ce qu'il y avait d'étudiants et professeurs... Les milieux de la radio et de la télé...

— *Il fallait un support à tout cela, et cela s'appelle le disque. As-tu attendu longtemps avant de réaliser ton premier enregistrement ?*

— J'ai attendu 1962. Entre-temps, j'avais donné beaucoup de spectacles, beaucoup de récitals, j'étais allé en tournée. Le 18 juillet 1961, on devait réunir au moins 3 000 personnes, en plein air, pour un spectacle à l'île d'Orléans. On avait vraiment réuni beaucoup de monde. Et c'est là que j'ai fait la connaissance de Gaston.

— *Ton pianiste Gaston Rochon ?*

— Gaston Rochon, oui. Et c'est après ça que j'ai attaqué Montréal avec le « Gesu », une salle, en *One Man Show*. Mais Gaston est une rencontre importante pour moi. Il faudrait lui consacrer un chapitre.

— *Allons-y !*

Le ton de Gaston

Gilles Vigneault — Gaston Rochon, c'est dans ma vie une rencontre très importante pour moi. Il était chef d'un groupe choral qui s'appelait « Les Collégiens troubadours », qui, sous les influences habituelles de l'époque, des Compagnons de la Chanson, chantait en chœur, à quatre.

François-Régis Barbry — *Empreint de la musique traditionnelle du Québec ?*

— De la musique traditionnelle du Québec, de negro spiritual, trois folklores, deux chansons de Félix Leclerc, et puis de répertoire des Compagnons.

— *Gaston était à ton avis l'homme du spectacle et de la musique que tu ne pouvais que rencontrer ?*

— Il chantait! Il chante toujours. Il a une voix de basse splendide. Il chante très discrètement dans les spectacles, mais à cette époque, il chantait. Il travaillait avec son groupe. Gaston connaissait les musiciens, le milieu, et avait une idée de l'orchestration, cette science musicale qui consiste à habiller une mélodie de sonorités d'accompagnement.

— *Il connaissait les chansons que tu faisais ?*

— Ah ! oui ! très bien. La rencontre s'est faite grâce à Jean Leblond — encore lui ! — qui le connaissait et qui lui a dit un soir : « Tu vas accompagner Gilles Vigneault ce soir, Yvon Bélanger est malade. » Ce soir de mi-septembre 1962 donc, Gaston s'est mis au piano pour m'accompagner. Moi, je trouvais ça un peu risqué. Il étudiait le violoncelle. Il a commencé à me mettre ma musique en place, parce que rien de ce que j'avais composé n'était écrit. Je retenais tout par cœur. Il a pris une demi-douzaine de cognacs et allons-y.

— *Comment la présence de Gaston a-t-elle été déterminante dans la suite de ton travail ?*

— Gaston a été déterminant pour tout ce que j'ai fait. Pour moi, c'est quelqu'un qui a eu la chance d'apprendre la musique et qui connaissait alors les secrets d'une magie que les violoneux de Natashquan utilisaient et manipulaient d'instinct. Lui avait non seulement l'instinct, mais l'intelligence de la musique : il connaissait les liens qu'il y avait entre les choses, entre les sons, entre les accords ; les liens, les membres de phrases d'une mélodie. Mais ne va pas croire qu'il a commencé par m'expliquer ça ! Ma première demande, ça a été : « Tu vas me donner des cours de piano, des cours de musique. » Il a toujours refusé. Je ne pense pourtant pas qu'il avait peur de perdre son « job »…! D'ailleurs, il l'a prouvé et, ensuite, il ne l'a pas perdu et ne m'a jamais donné un cours! Mais je crois bien qu'il avait peur que ça m'enlève cette espèce de spontanéité qui me faisait écrire *Ma jeunesse* sur dix-sept mesures! Musicien traditionnel, Gaston l'était, à l'époque, pour une bonne partie, mais Gaston était prêt à toutes les audaces. Et j'ai rencontré des musiciens traditionnels qui m'ont dit : « Ah! quelle belle mélodie, et " carrée ", et tout! » Gaston, à côté, n'en pouvait plus de rire et leur disait en rigolant : « Mais ça ne fait que dix-sept mesures, c'est curieux! »

Dès nos premiers contacts, Gaston a dit : « La première chose à faire, c'est de mettre ta musique en ordre parce que ça va n'importe où. » Je me suis demandé comment. — « Ben, je vais écrire ta musique. » Moi, ravi! Avoir ma musique écrite, patentée, un autre musicien pourrait la jouer, bravo! C'est alors qu'il a commencé d'écrire toutes mes chansons. J'en ai encore toutes les copies.

Il faut comprendre mon étonnement : Gaston Rochon écrivant mes mélodies sur des portées, c'est comme quelqu'un qui m'aurait apporté les livres des secrets de la magie, en me disant : « Tu es magicien, maintenant, tu vas pouvoir lire et découvrir comment tu fais. Et d'autres trucs encore. » C'est comme s'il m'avait dit : « Tu es un magicien, le magicien que tu voyais chez les autres, tu l'es. Tu existes à ton tour. »

— *Tu devais tout de même te douter de la qualité de ta musique ?*

— Je ne faisais que douter, je n'avais que des doutes. Ça venait de très loin : les premières chansons que j'écrivais au collège, je les écrivais pour mes « blondes », pour mes « petites amies » comme on dit en France, pour avoir quelque chose de moi-même à leur chanter. Ce n'était pas toujours heureux, mais j'adaptais mes textes à des airs déjà connus. Je ne croyais pas que j'étais capable, moi, d'écrire une mélodie.

Quand Gaston a commencé à copier ma musique, à trouver que c'était bien, à changer une note par-ci par-là, je me suis rendu compte que j'étais capable d'écrire une mélodie. Gaston a toujours dit — il faisait beaucoup plus que ça — mais il a toujours dit : « Moi, je fais de la transcription, c'est toi qui composes. » Et ça, c'était prodigieux, encourageant, d'une honnêteté incroyable : c'est si facile pour un musicien d'abuser d'un autre qui ne sait rien en disant : « Ça ne vaut rien ce que tu fais, moi, je vais te corriger ça, je vais t'arranger ça. » J'aurais bien laissé Gaston signer toute ma musique.

J'ai connu d'autres musiciens qui voulaient tout signer parce qu'ils m'avaient donné un conseil. Avec Gaston, c'était d'une honnêteté qu'on aurait trouvée normale à Natashquan, mais en ville, mon Dieu! Ce n'est qu'après que je l'ai découvert. Il m'expliquait à mesure ce qu'il faisait. Il m'expliquait le travail des arrangements. Il le fait toujours d'ailleurs! C'était reconnaître...

— *Qu'on pouvait être musicien sans savoir écrire les notes ?*

— Voilà! Et il reconnaissait ça devant moi!

— *Il y a vraiment peu de musiciens professionnels qui l'acceptont ?*

— Ce n'est pas tellement courant. C'est vrai. Je trouve important d'en faire ici l'hommage à Gaston.

— *De ce fait, il t'a donné la confirmation de ton existence de compositeur.*

— Parfaitement! Je n'étais peut-être pas musicien, mais j'étais « mélodiste », j'avais « mon » titre! J'avais ma lettre de créance en musique. J'avais le droit de faire de la musique. Et c'est beaucoup à cause de lui si, plus tard, on m'a félicité souvent sur mes musiques, sur la qualité de mes musiques et de mes mélodies.

Encore faut-il que les musiques soient habillées des arrangements qui conviennent. Et on a pris beaucoup de temps dans mon entourage à accepter Gaston Rochon qui, lui, voyait telle forme d'accord et telle forme d'accompagnement assez sévères, dans bien des cas, assez compliqués, pour accompagner mes mélodies. Il a même fait un disque tout seul avec mes musiques!

— *Gaston représente pour toi cet* alter ego *idéal auquel on rêve souvent ?*

— Je trouve cela d'autant plus merveilleux qu'au départ il n'était pas pianiste. Il apprenait le violoncelle et le hautbois! Il apprenait toujours le violoncelle au moment où on s'est connus. Il n'était pas pianiste, mais il l'est devenu. Très gauchement, au début : c'était la porte de la grange qui s'abattait sur le clavier! Puis, il a allégé son style, il s'est « pianistisé », si je puis dire. C'était un musicien en tout cas et il reste toujours un musicien et un harmonisateur.

— *Sans lui, crois-tu que tu aurais abandonné ?*

— Ah! Je n'aurais pas abandonné! Je ne voudrais pas que ça paraisse prétentieux ce que je vais te dire là, mais je crois bien que si on ne s'était pas rencontrés, je l'aurais trouvé.

— *Comment cela ?*

— Dans notre métier, c'était lui et c'était moi. C'était dans cette direction qu'il fallait aller, c'était ce qui devait être bien.

En scène, c'est une espèce de pont qui ne bouge pas quand la salle crie : « Ouah, ouah, ouah... » quand quelque chose va de travers dans le spectacle ou quand j'ai une extinction de voix, il représente une force énorme. Je me dis : « Au moins, Gaston ne va pas se laisser impressionner! » Gaston n'est pas le genre de gars à se lever et à s'en aller si ça va mal, c'est le contraire : c'est un mur. C'est précieux, ça appuie.

J'ai eu très souvent de très belles propositions, de très séduisantes propositions des pianistes les plus brillants de l'époque, qui avaient appris le piano alors que Gaston n'a jamais pris une seule leçon. Même s'il était parfois tentant de travailler avec l'un ou l'autre pour ce que j'avais entendu d'eux, l'idée ne m'a jamais effleuré de quitter Gaston.

— *Avec son concours, ton histoire devenait plus équilibrée ?*

— Elle s'installait dans une complicité difficile à vivre mais très confortable sur le plan de la composition.

— *Aujourd'hui, comment travaillez-vous ? Vous vous voyez souvent ?*

— On n'a même pas à se téléphoner, car on ne passe pas une semaine sans se voir. De temps en temps, on fait une chanson. Parfois, il vient sans avoir rien à faire. Il vient porter les œufs que ses poules ont pondus, il vient prendre les patates que j'ai récoltées. On est amis en dehors du travail. C'est en outre quelqu'un qui sait faire du vin... avec des raisins de Californie, et buvable ! Gaston sait aussi faire son pain, c'est quelqu'un qui sait bâtir une maison. Tu vois que ça n'est pas du tout n'importe qui !

C'est aussi un technicien. Il sait mixer un disque, faire l'équilibre et la balance des instruments et des niveaux de décibels d'un enregistrement pour le traduire exactement sur un disque. Il sait faire beaucoup de choses, avec beaucoup de patience... forcément.

Lors des premières tournées, ben, il sortait 5 piastres de sa poche quand il fallait, parce que, quand on était payé 100 dollars pour un spectacle et que ça nous en coûtait 120, ben, il en manquait 20. Alors, il en sortait un peu. Les premiers temps, c'était une aventure qu'on essayait ensemble.

— *Il y croyait donc beaucoup, lui aussi ?*

— Oui, il y croyait. Il était sûr de nous. Gaston n'a jamais douté. Dès le premier soir où il m'accompagnait pour les premières chansons, il a commencé d'y croire et n'a pas arrêté. Ça m'a donné beaucoup de confiance.

Depuis deux ans, on signe ensemble toutes les musiques. Ce qu'on aurait dû faire à mon avis depuis toujours. Mais il refusait. Il y a deux ans, sans lui en demander la permission, j'ai décidé moi-même qu'on signerait ensemble. Bien sûr, il s'y est fait, il a accepté, mais il ne voulait pas. Il disait que c'étaient mes mélodies... On a réglé ça avec une bouteille de vin...

— *Gaston Rochon a fait, avec tes chansons, un disque d'orchestre très original qui s'intitule* Dans l'air des mots.

— Ce disque raconte pour moi, comme pour lui, quinze ans de métier. Il n'évoque en rien ses quinze ans de carrière comme chanteur dans le groupe des « Collégiens troubadours ». On peut cependant en retrouver le goût dans les harmonisations et arrangements, parce qu'il y a mis des chœurs. Il aime beaucoup mettre des chœurs. Il a raison et j'aime ça aussi. C'est souvent beau, c'est souvent « joli », comme disent les Vaudois. Dans les trois derniers spectacles qu'on a faits ensemble, il y avait des chœurs. J'ai trouvé ça très « portant ». Dans son disque, il leur a fait dire peu de chose, mais il leur a fait dire un extrait d'une des chansons dont on a parlé et ce sont les seuls mots du disque ! « Quand mon sac de *reels* sera vidé, je serai un pareil à vos pareils, ayant perdu souvenance des " tam ti de lam tam ti de lam tam ti lam lam ". »

C'est très important pour moi de découvrir de façon aussi « écrite », aussi « nette » sur le papier et sur les petits sillons de ce douteux labour qu'est la fabrication d'un disque, que Gaston a très très bien compris ce qu'il y avait de différent, de personnel et de neuf pour le public dans ce que je fais. Ce n'était pas la première fois que Gaston y faisait allusion. Il me l'a souvent dit. Mais c'est la première fois que je constate à quel point chez moi le *reel*, le « tam ti de lam », le « turlutage » est capital dans mon travail.

— *Pourquoi ?*

— Parce qu'il s'agit d'un retour aux sources pour l'habitant de Montréal, à travers une chanson comme *Tout le monde est malheureux tam ti de lam* ou *La Danse à Saint-Dilon.* Une espèce de mélopée joyeuse pour des chasseurs de phoques qui dansent sur la glace, l'hiver, pour la casser et, du même coup, se réchauffer les pieds. En écoutant le disque de Gaston, j'ai pensé que cela correspondait à un aspect de lui qu'on ne remarque pas. (Et pour cause, il ne parle jamais!) En interview, pas un mot! En trente ans de métier, pas une interview. Si, une fois dans le « MacLean ». Dans cette entrevue, il dit : « Voyez-vous, il n'y a jamais eu de problème pour moi : la gloire (il appelait ça la " gloire ", certainement avec un sourire que je lui connais), le " succès ", la " réussite ", le " vedettariat " de Gilles, je n'en suis pas jaloux. Je n'en ai pas envie. Je l'ai connue. » C'est vrai qu'il avait connu l'adulation du public.

Il savait quelle adoration le public porte à ceux qui ne sont finalement que ses miroirs. Comme il avait connu ça, il n'était pas jaloux du tout. Ça le faisait rire en plus! Le fait que je prenne ceci avec beaucoup d'humour a beaucoup contribué à fignoler notre amitié. On avait le même sourire sur les mêmes choses, sur le même type d'événements, sur les mêmes situations nouvelles. Finalement, quand on a commencé à travailler ensemble, on n'était surpris de rien.

Posséder mes hivers

FRANÇOIS-RÉGIS BARBRY — *Ton vrai grand départ est cette chanson qui a maintenant fait le tour du monde :* Mon pays.

GILLES VIGNEAULT — *Mon pays,* c'est une aventure spéciale. Je tournais dans un film qui a eu une « petite gloire et pauvre fortune » et s'appelait *La neige a fondu sur la Manicouagan.* Arthur Lamothe, le réalisateur, m'avait fait jouer là-dedans quelqu'un qui pouvait chanter, et il avait décidé de me faire écrire une chanson sur le pays. On tournait par 35° sous zéro. C'était assez dur. Je n'avais pas d'instrument excepté un harmonica. Je lui ai dit : « Vraiment, je ne sais pas quoi t'écrire! » « Ah! répond Arthur, ce que tu trouveras! Penses-y, s'il te vient quelque chose, on le mettra; s'il te vient rien, on mettra *Pendant que les bateaux.* »

On mettra autre chose... bon. Et un matin, j'étais à la Manicouagan. Les barrages étaient en chantier.

Je me suis dit : « Sur le pays », ben, « Mon pays... c'est l'hiver que ce pays-là. » Bêtement. Rien que ça. Oser, non pas cette comparaison, mais cette constatation!

Il fallait poursuivre. « Mon pays, c'est l'hiver », cela veut dire quoi? Alors, je raconte la blanche cérémonie, la poudrerie, je raconte l'hiver. A la fin, j'élargis l'idée et lui ouvre un peu les membres pour l'offrir au monde. Je dis alors que ce pays-là n'est pas une possession tranquille, et finis par dire : « C'est pour toi que je veux posséder mes hivers », à tous les humains de la terre. La dernière phrase, autant que la première, représente ce que Robert Charlebois appelle un « flash ». « Mon pays, c'est l'hiver », ça, c'est facile, ça vient tout seul, mais après, ce qui a intéressé les gens, ailleurs qu'ici, à *Mon pays*, là où il ne neige pas, c'est d'entendre : « C'est pour toi que je veux posséder mes hivers. »

— *Dans le dernier couplet tu dis :*

« Entre mes quatre murs de glace
Je mets mon temps et mon espace
A préparer le feu, la place
Pour les humains de l'horizon
Et les humains sont de ma race. »

C'est une chanson qui pouvait presque procéder d'un nationalisme quelque peu réactionnaire ?

— « Tous les humains sont de ma race », voilà quelques mots qui, glissés dans le corps d'une chanson, lui donnent une figure particulière, un éclairage obligatoire.

De toute espèce de façons, il y a des gens qui se font un drapeau de leur mouchoir, d'autres avec leurs draps de lit. Certains ne se font pas de drapeau du tout. Dès que l'on crée une chanson, comme un tissu, on donne dans l'héraldique, on n'a pas le choix. Ce sont les gens qui décident de s'en faire une épée ou un couteau à pain.

— *A ton avis, comment* Mon pays *a-t-elle été perçue ? Les gens en ont fait quoi, en général ?*

— Ils en ont tout fait. Un drapeau très nationaliste, un drapeau raciste, un drapeau universaliste, un drapeau québécois, un drapeau canadien. Ça me fait bien rire ! Je connais deux traductions anglaises de *Mon pays*. Ça indiquerait peut-être simplement qu'on en avait besoin. Ça indique peut-être qu'on a pris pour soi le fait d'avoir dit : « Mon pays, *ça n'est pas* un pays » avant que de dire que c'est l'hiver. L'une des adaptations essaie de dire au mieux, mais la moins parfaite sur le plan de la langue anglaise, sur le plan de la langue et de l'écriture poétiques, mais elle a le mérite d'être aussi exacte et honnête que possible. Mais l'autre traduction dit, à la fin : « Canada, tililala... », etc., je ne me souviens pas des autres mots, je ne veux plus les savoir. Le fait d'avoir imposé un nom à ce pays dont je parle et qui est le mien m'est apparu comme une grossièreté telle, d'une telle obscénité, que je n'ai même pas réagi. Je me suis dit que les gens verraient par eux-mêmes. J'ai protesté pour la forme, avec humour... Rendu là, il n'y a plus rien à dire, plus rien à faire. Moi qui n'ai même pas mis le mot Québec dans cette chanson! Pas parce que le mot Québec n'est pas beau, ou n'est pas poétique, mais parce que je n'avais pas envie de le mettre, qu'il n'est pas venu sous la plume, et parce que je ne voulais pas arrêter ce pays à quelque frontière que ce fût!

Toute la vie d'un homme a des frontières très déterminées, très nettes. Moi, je viens de Natashquan, c'est incidemment dans le Québec plus que dans le Canada. Bon : on n'a pas besoin d'aller insister grossièrement pour dire que le Québec fait partie du Canada. Avec les taxes qu'on paie, on devrait être les premiers à être au courant!

Voilà ce que les gens font d'une chanson, parfois. On peut en faire un hymne nationaliste, on peut en faire un hymne fasciste, on peut en faire un hymne internationaliste, on peut en faire à peu près n'importe quoi. On ne peut pas le faire vis-à-vis de tout le monde, mais vis-à-vis de soi. La personne qui traduit *Mon pays* et en fait l'hymne canadien, par exemple, si c'était fait... Heureusement... a évité le pire! Eh bien! elle le fait pour elle, pas pour moi, ni pour les autres Québécois qui l'ont entendue. Si on essaie d'en faire l'hymne du Québec, c'est pour soi, pour un groupe d'amis mais pas pour tout le monde. Cette chanson est assimilée par beaucoup de gens, et il y en a qui la perçoivent seulement comme une chanson de pays. Dans vingt ans, il y aura des gens pour dire que c'est du folklore!

J'ai entendu une de mes chansons, un jour, avec surprise d'ailleurs, toute déformée par l'oreille populaire : on se l'était apprise par cœur : *Le doux chagrin*. J'étais ravi. Elle est pourtant sur disque, mais ces gens l'avaient apprise par des amis, de bouche à oreille. Une fois, j'ai entendu une version nouvelle de *Jos Montferrand*, c'est pourtant la première qui a été enregistrée sur disque. C'est bien agréable. Quand on est auteur, on est souvent prétentieux, au début surtout. On dit : « Ne touchez pas à mes paroles, c'est sacré. » D'accord : il s'agit du droit d'auteur et il n'est pas permis de changer les paroles et de l'interpréter pour en faire de l'argent. Mais la chanter dans les familles ! ça appartient à celui qui la chante, au moment où il la chante. La chanson *Mon pays*, c'est un tissu que j'ai mis sur le marché. Eh bien, il y en a qui s'en sont fait une culotte, une robe, d'autres un chapeau, ou même un drapeau.

— *As-tu eu l'impression, à ce moment-là, que ça pouvait représenter quelque chose d'important pour l'opinion ?*

— Non. C'était pour moi une chanson qui avait l'air de bien plaire aux gens, qui passerait à la radio toutes les fois qu'il y aurait la première neige dans le pays. Mais je ne l'avais pas calculé au moment de l'écrire. J'ai découvert l'année dernière qu'elle avait une nouvelle interprète. *Mon pays* en français devenait un *hit* dansable dans les discothèques ! Bravo ! Bravo ! Vaut autant danser là-dessus que sur les conneries qui se promènent ! J'en ai entendu d'autres sur lesquelles tout le monde avait l'air de danser fort bien. Ils danseront pas plus mal là-dessus... Moi, comme danse, je suis plus près de *La Danse à Saint-Dilon*. Mais ça, c'est moi, parce que je suis vieux !

— *Au moment où* Mon pays *est sorti, les gens se sont retrouvés sur cette constatation :* « Mon pays », *c'est l'hiver; ce maudit hiver-là, qui nous empoisonne six mois de l'année, qui nous bloque, nous enferme et nous isole...*

— Et qui nous fait fermenter!

— *... Les gens se sont retrouvés à travers ça, et ils ont continué, et ils ont signé avec toi jusqu'au bout. Cela pouvait sembler nouveau ?*

— C'était peut-être la première fois que les gens s'identifiaient collectivement à l'une de mes chansons. Avant, moi, je racontais les héros de Natashquan. *Mon pays* donnait au gars qui était pris dans une tempête de neige au coin de Peel-Sainte-Catherine, sans taxi et sans gants, l'occasion de s'identifier, lui aussi. Et j'ai entendu des gens me chanter : « Mon pays, c'est l'hiver », morts de rire, sur une plage de Martinique... Ça aussi fait partie du succès de cette chanson : en rageant dans la poudrerie, en rigolant au grand soleil. On en fait aussi diverses utilisations. M. Drapeau, maire de Montréal, ne s'en est-il pas servi pour faire une sirène pour les véhicules municipaux?

On l'a utilisé à toutes les sauces : dans les jeux de hockey, par exemple. Je regarde souvent le hockey à la télévision (j'y suis allé deux ou trois fois, quand j'étais au collège, j'y ai joué un petit peu) et des soirs l'organiste, au moment d'une mise au jeu, en donne les premières mesures. Les gars qui s'étaient fabriqué des trompettes pour le carnaval de Québec chantaient *Mon pays*... Il y a un peu de tout... Il y a deux restaurants qui s'appellent « Mon pays », ce n'est pas étranger à la chose. J'ai insisté aussi de mon côté avec d'autres chansons sur ce thème : *Les gens de mon pays, Le temps qu'il fait sur mon pays.*

— *De mauvais esprits diraient : il a trouvé un filon, il l'exploite.*

— J'avais besoin de préciser. Une autre chanson aussi, moins connue, évoquait l'hiver : « Le ciel est la couleur du plomb, l'hiver est long; le ciel est la couleur du gris, l'hiver est pris. » Une chanson de ce temps-ci. J'ai fait beaucoup d'autres chansons sur l'hiver... Je n'avais pas le choix : je les faisais en hiver! Je suis comme une fourrure dont la bête a été abattue au bon moment : je suis de saison.

— *Ça fait partie de la vie de quelqu'un d'ici, non ?*

— Il suffit d'écouter la météo à la radio au mois de décembre. Toutes les deux minutes, on donne la couleur du ciel, les risques d'ennuagement, d'enneigement.

— *On est impressionné de voir le poids de cet hiver sur l'activité quotidienne québécoise.*

— On a beaucoup plus grand, on est beaucoup moins nombreux, alors le climat a beaucoup plus d'importance. On a le temps de parler de la température et il n'y a pas de guerre... que je sache, aux dernières nouvelles! Car, de quoi parle-t-on ici? Des jeux Olympiques, des élections et du latin qui s'en est allé des églises! Au garage, ici, M. Farmer, M. Lelonde et deux ou trois autres habitants, qui ont plus de 80 ans, se réunissent chaque matin. Que disent-ils? « Le lac est pris », « Un tel a pris de la barbotte au bout du quai », « Ça a été mauvais pour le labour », « Il a trop mouillé, la terre a gelé tard, ce sera bon pour le sucre d'érable », « Y aura pas de sirop, y aura ben de l'eau, mais pas de sirop! » « Un tel est mort, on croyait pas, il est parti ben vite, hein! » « Il y a eu un accident dans la montée Saint-Étienne par tempête, c'est pas bon ça », « On aurait jamais cru que Raby serait élu! »... Ils parlent de la vie autour d'eux et ne sont pas du tout prétentieux. Ils ont fait le tour du cadran plusieurs fois. A 80 ans passés (M. Farmer en a 86), ils vont à la pêche à la barbotte au bout de la jetée. Ils en prennent plus que moi car ils ont plus de patience que moi aussi! Ça compte. Ce sont des amis.

— *En donnant au Québec cette chanson* Mon pays...

— En me donnant à moi d'abord. On donne après qu'on a reçu, fût-ce de soi-même!

— *Il y a donc eu ce phénomène d'identification, de gens qui reconnaissent leur vie de tous les jours, cette vie concrète qui se vit dans leurs rues et dans leurs maisons.*

— Oui, quand je suis coincé, comme tout le monde, en pleine circulation à Montréal, puis qu'il fait tempête dehors, de temps en temps, il y a des vitres qui se baissent et qui disent : « Ah! mon pays, c'est l'hiver! Ah, ouais, bravo! » C'est une taquinerie, bien aimable, une référence qui leur permet de prendre la fatalité avec humour. C'est passé dans la vie de tous les jours. De tous les jours à partir du 15 novembre.

— *Il n'y avait pas de chanson qui parlait de leur vie ?*

— Il y en avait. Mais qu'est-ce qui fait que les gens choisissent cet habit-là plutôt que cet autre? Ils prennent une chanson comme un habit. C'est une affaire de sensibilité, d'opportunité.

— Mon pays *a une telle force symbolique que tu en es devenu suspect lors des événements d'octobre 1970, lors de l'enlèvement et de la mort du ministre Pierre Laporte.*

— C'est très important, en effet. Ici les gens sont très ouverts, beaucoup plus accueillants, beaucoup plus à l'aise que dans des pays où il y a eu des guerres récentes, parce que moins méfiants, et ils ont bien raison. Le Québec a connu les « troubles » de 70, des « troubles », attention, qui ont fait deux morts. La mort de deux personnes est importante et grave. Mais il n'y avait pas menace d'insurrection. Qui veut noyer son chien...

— *Il y a eu des « mesures de guerre » ?*

— Oui, ce qui a profondément choqué la population. Pendant ces temps-là, il m'est arrivé de me retrouver seul sur la route. Je me suis arrêté et je n'ai pas pu avoir de secours. Les gens ne me reconnaissaient pas, en 1970. Les gens me connaissaient, mais ne me reconnaissaient pas.

— *A cause de ce que tu représentais ? A cause de leurs préoccupations dans le moment qu'ils vivaient ?*

— Je ne le sais pas. A cause des deux sans doute. Pourtant ils étaient moins accueillants. Les gens étaient devenus méfiants. Ils avaient peur et je le comprends. « Mesures de guerre », quand il n'y a pas de guerre, ça effraie. Et si « posséder ses hivers » devait mener à la guerre, eh bien, ils n'étaient plus d'accord. En 70...

— *Tout à l'heure, tu as eu une expression intéressante. Tu parlais de ces chansonniers qui existaient avant que tu ne démarres, et tu disais : « Ceux qui commençaient à faire de la chanson ont parlé un peu de politique. » Donc, parler du pays impliquait fatalement toute une attitude politique par rapport au pays ?*

— Oh oui ! A Radio-Canada, *Mon pays* était interdit pendant les troubles de 70, *Les gens de mon pays* aussi. Je ne vois pas pourquoi, remarque, et ça me fait bien rire.

— *Les gens de mon pays était déjà plus précis : « Je vous entends parler de liberté », c'est direct, sans équivoque !*

— Elle a été interdite un mois peut-être ! Il n'y a pas eu grand monde pour respecter cette décision, mais ça a été interdit. Je trouvais ça drôle : tout le monde ne peut pas aller en prison.

— *Toujours est-il que la chanson au Québec, à travers toi, a quand même défini une attitude culturelle, qui a fatalement débouché sur la vie politique ?*

— Finalement, toutes les chansons ont une implication politique, sauf les chansons d'amour, et encore! Il faudrait voir la politique que ça comporte!

— *Être chanteur, c'est aussi se définir ? En quinze ans, vous avez tous fait un grand chemin en ce domaine !*

— On n'a pas fait le chemin, on est allé voir s'il y avait un chemin. Puis on est revenu pour dire qu'il y avait un chemin. Notre rôle, à nous chanteurs, était d'aller voir s'il existait une route. S'il n'y en avait pas : la faire, ou la faire faire. Et, après ça, la faire prendre. Mettre les gens sur le chemin. Marcher.

Le premier couplet
s'appelle aujourd'hui

FRANÇOIS-RÉGIS BARBRY — *Le 15 novembre 1976, les Québécois ont élu leurs représentants au Parlement provincial. Le gouvernement libéral a laissé la place au Parti québécois de René Levesque, favorable à l'indépendance. Quelle a été ta réaction ?*

GILLES VIGNEAULT — J'ai d'abord été bien étonné comme tout le monde. Surpris. Je n'étais pas au pays, mais en tournée en France. Ainsi « ils avaient osé »! Eh oui, les Québécois avaient osé faire ce pas-là. Renvoyer ceux qui les avaient abusés quatre ans plus tôt, profitant de l'émotion causée par les événements d'octobre 1970.

Mais passé ce moment de surprise, je me suis retrouvé pas étonné du tout. Plus fort que les indications chiffrées des sondages, le sentiment que j'ai ressenti au cours de ma dernière tournée au Québec me revenait en mémoire. C'est vrai qu'ils avaient bien changé depuis 1970. Qu'ils avaient pris conscience des problèmes qu'ils avaient à résoudre et qu'ils avaient compris qu'ils ne pourraient compter que sur eux. Qu'ils prenaient courage, qu'ils surmontaient leur peur, petit à petit.

J'ai senti les gens plus vifs, plus prompts. Quand je chantais : « Dans tout Québécois, un homme sommeille... Moi j'prétends qu'il dort, faut que je le réveille avant d'm'endormir... », par exemple. Mais ça n'est que maintenant que je me rends compte de la valeur de la sensation que j'ai éprouvée à ce moment-là, de la vérité de ce sondage que j'effectuais au jour le jour. Je n'en avais pas tenu compte, parce que ça n'était pas très précis dans ma tête, mais j'étais bien conscient que l'opinion québécoise s'était très politisée et que les choses n'étaient plus ce qu'elles étaient auparavant.

— *On peut dire que les artistes québécois sont pour beaucoup dans cette évolution ?*

— Nous avons remonté, pendant quinze ans, un réveille-matin qui devait sonner à son heure. Les artistes ont participé à ce mouvement comme tous les Québécois. Nous, nous étions sur scène, mais eux se trouvaient dans la salle. On était des voix, mais ce sont leurs mains qui ont tout changé.

Le jour des élections, le soir de la victoire, j'ai pensé à bien du monde : à Félix Leclerc qui depuis vingt-cinq ans chante le pays et a même dû aller à Paris pour qu'on reconnaisse son existence de poète québécois avant qu'il soit entendu chez nous. J'ai pensé à Raymond Levesque, l'auteur de *Quand les hommes vivront d'amour*, à Pauline Julien et à Gérald Godin qui a battu le Premier Ministre Bourassa dans son propre comté, à Gaston Miron, à Paul-Marie Lapointe, à Georges Dor, Claude Léveillée, Claude Gauthier, Ferland, Charlebois, Laurence Lepage, Clémence Desrochers, Pierre Calvé, Letourneau, Jacques Blanchette, Jean-Paul Filion, Yvon Deschamps, Sol, Moreau... Et je me suis dit qu'on n'était pas tout seuls à parler du pays!

— *Et maintenant, comment vois-tu la suite des événements ? Sera-t-il nécessaire que ce pays devienne indépendant pour qu'il puisse définitivement se nommer ?*

— Nécessaire, je pense bien! Mais de quelle indépendance? On est dans ce piège. Indépendant de qui? En tout cas, cela ne peut pas être indépendant du monde. Indépendant mais associé tout de suite après. Autrement.

— *Depuis quinze ans, tu proposes une somme de constats et d'espoirs reconnus comme très importants par un grand nombre de gens. Quel est le regard que tu as sur ces quinze ans? Tes chansons ont-elles été dynamiques ou ont-elles seulement célébré un certain mouvement qui se produisait au Québec?*

— Sur quinze ans de ce genre, c'est un regard rétrospectif que je pose. Dans rétrospectif, il y a « spectif », bien sûr, puisqu'il y a regard. Mais il y a « rétro » également. L'histoire se fait d'une pierre à l'autre, sans lesquelles on ne traverse pas la rivière. Quelle rivière? Celle qui va de l'incompréhension de

l'homme par l'homme à un espoir de compréhension.
Chacun apporte sa pierre. On a tout à apprendre des
cathédrales dans la politique d'aujourd'hui et même
de la politique qui les a suscitées.

On a tout à apprendre. Jusqu'à un certain point,
c'est une question de foi dans l'homme. Il se dépasse
de très loin dans les domaines physiques et techniques.
Je ne vois pas pourquoi il ne pourrait pas se dépasser
ailleurs? C'est effrayant d'aller sur la Lune, déguisé
en Américain, quand on n'est pas capable d'aller chez
son voisin habillé en soi-même. Voilà où l'on est rendu.
Ce regard en arrière sur quinze ans m'amène à penser
que tout ceci est loin d'être conclu et que tout reste
à faire...

— *Mais tout reste possible ?*

— Dans une chanson, je dis : « Il me reste un pays
à construire. » Il me reste un pays à aimer. Le drame
de l'homme est qu'il fait des pas de géant alors qu'il
devrait apprendre à se déplacer autour de chez lui. Il
croit qu'il conquiert sa liberté en accomplissant des che-
vauchées fantastiques, alors que c'est tout près de lui, derrière la maison, que son avenir se joue. Il s'agit là d'un
malentendu dramatique. Quand l'homme comprend-
dra-t-il qu'il doit tenir compte de son temps et de son
espace? Le colonisé d'aujourd'hui n'était-il pas colo-
nisateur, hier? Est-il si sûr que la terre qu'il veut
légitimement posséder aujourd'hui a toujours été la
sienne? Qu'en dirait l'esquimau?

— *Qu'est-ce donc que posséder « ses hivers » ? Ne réponds-tu pas dans cette chanson que tu as intitulée :* La quête du pays *?*

— Vois-tu, bien que le contexte change, je chanterai demain comme hier les mêmes chansons et mon discours restera semblable. On veut ici être chez nous. Va-t-on pouvoir l'être? Mais que veut dire . « chez nous », enfin? Il faut se dépêcher de poser la question, alors que la précédente est à peine engagée : comment sommes-nous ici? N'avons-nous pas quelque peu distrait, en bons Blancs que nous sommes, les gens qui habitaient un territoire qu'ils possédaient sans le savoir, avec des miroirs et des colifichets? Je dis « sans le savoir », parce que l'instinct de propriété n'existe pas chez les Indiens. Il s'agit pour eux d'un don du Grand Esprit. Ils pensaient que le territoire était à tout le monde, et qu'il était essentiel de vivre en harmonie avec eux-mêmes et avec la nature. Ces gens-là étaient plus avancés que les Européens sur le plan de la connaissance des relations des peuples entre eux, je crois.

Ils avaient trouvé, par exemple, des accommodements pour une paix possible. Ils avaient découvert un système de paix entre cinq nations qu'il serait intéressant d'étudier. Nous, nous sommes arrivés là-dedans avec nos bibelots et nos tas de perles qu'ils continuent d'enfiler aujourd'hui. Cela commence à les ennuyer, d'ailleurs. Et on est venus aussi avec notre religion. Oh mon Dieu, qu'on leur a donné des ennuis avec le nôtre comme si cela n'avait pas été le Grand Esprit du tout, comme si cela n'avait rien à voir avec le leur! On se réveille aujourd'hui avec ce que l'on a fait. Les Récollets et surtout les Jésuites se sont vite adaptés. Le Grand Esprit, Manitou, ils en ont vite fait un égal, sauf qu'il fallait plutôt procéder avec les rituels de l'orthodoxie jésuite, ce que les indigènes ont trouvé un peu saumâtre : ils avaient déjà des rituels auxquels ils tenaient beaucoup. C'était délicat d'introduire dans l'Église, en 1500 et quelque, la danse pour demander la pluie !

Il fallait « convertir » les Indiens. « Convertir », mais comment ? et à quoi ? *Convertere*, c'est tourner vers soi-même, amener vers soi, vers ce que l'on pense. Voilà ce que j'ai voulu dire avec *La quête du pays*. L'histoire nous jugera aussi sur notre attitude envers ces hommes, que nous voulons convertir et que le système est venu pervertir.

— *Penses-tu que convertir soit encore une préoccupation actuelle ?*

— Non, aujourd'hui, on n'est plus tellement sûr de notre vérité. Alors, on pense plutôt à divertir. C'est ce qu'on demande aux artistes, aux saltimbanques. *Divertere* : nous sommes là pour *divertir*, pour « détourner les gens de leurs occupations », de leur réel. Ce n'est pas du tout poétique ça, divertir. Si moi je ne suis qu'un divertissement, je veux mourir aujourd'hui même, à la seconde. Si je ne suis que ça, je n'ai pas le goût d'exister dans mon métier, plus le goût d'exister tout court, n'étant qu'un divertissement. Cela ne me suffit pas. Avertir me plaît mieux.

— *Le poète est-il un avertisseur ?*

— Certainement plus qu'un divertisseur. Divertissons-nous les militaires? La guerre continue toujours. Nous sommes, dit-on, « les poubelles de la passion publique » qui a besoin d'un déversoir. Cela ne me satisfait pas.

— *Catalyseur ?*

— Catalyseur? le mot prend une sorte de noblesse technique...

— *Si tu devais définir ton métier, que dirais-tu ? qui es-tu donc ?*

— Un montreur de monde à faire. J'aimerais bien que cela puisse définir mon métier. Hélas, cela ne le définit pas, car mon métier est en mouvement, aussi, et moi de même, et tout le monde. Un montreur de monde à faire, un faiseur de dieux, « de » n'indiquant pas là la provenance, mais la projection, un faiseur de *dieux*, au pluriel. Plus simplement, et plus noblement, un « faiseur de l'homme ».

— *Le poète est plus que quiconque habité d'un sentiment de la beauté de l'homme. Il est très sensible aux limites de l'homme. N'est-il pas l'annonceur d'une beauté possible ?*

— Ta question m'évoque un souvenir de collège, un souvenir de thème latin. Il n'y a pas plus stupide qu'un thème latin, sauf si tu veux apprendre le latin;

mais c'est démoralisant. C'était un texte de La Bruyère que l'on avait à traduire et qui révélait qu'en quatre mille ans d'humanité le non-progrès de l'homme était considérable. Une beauté possible? Sans cesse, les poètes l'ont rappelé : « Tu te trompes et tu es en train de te tuer. Toutes les fois que tu vas à la guerre, c'est toi que tu tues. »

— *Ce sentiment de beauté qui obsède le poète ne contient-il pas une forme d'espoir ? L'homme ne mérite-t-il pas l'espoir ?*

— Ce n'est pas beaucoup, mais c'est vrai. Je me fais un devoir de dire à celui qui m'accompagne : « Je ne suis pas sûr de voir, mais il me semble voir une petite lueur. » C'est un devoir et c'est un instinct. Cet instinct-là encourage le compagnon à marcher à côté. S'il marche, cela m'encourage à marcher et des fois qu'on verrait, après cette petite marche, la petite lueur en question...

— *As-tu l'impression que des gens reconnaissent cette petite lueur ?*

— Oh oui! mais l'espoir ne s'acquiert qu'individuellement.

— *L'espérance collective existe, elle aussi ?*

— C'est plus facile à obtenir. Cela se fabrique. Comme les miroirs. Il suffit que le tain soit bien posé, qu'il tienne, c'est tout.

— *Fais-tu allusion au métier que tu fais ? Le trompe-l'œil réussit donc si facilement ? Ne fait-on pas de bonnes chansons avec de bons sentiments ?*

— Oh non! Avec des bons sentiments, on fait de la mauvaise littérature, c'est une vieille histoire. C'est toujours la même chose : on ne fait pas de la bonne chanson, on ne fait pas de la chanson tout court avec de bons sentiments. Avec de bonnes perceptions et une latitude de réduction, d'oxydation et d'émission convenables, on fait de la chanson intéressante pour les gens.

— *Mais ne dupe-t-on pas facilement le public ?*

— Si, hélas! Une bonne chanson nécessite les qualités que je t'ai énumérées. Mais cela ne veut pas dire qu'elle réussira son envol et qu'elle atteindra son but : le cœur et la conscience du public.

Cela dit, tu sais comme moi que ce métier n'est pas fait que de gens désintéressés et qu'on fabrique de très jolis miroirs en toc qui s'useront très vite, mais qui rapporteront beaucoup. C'est là que je dis que la plupart du temps le public est volé. Nous vivons dans un système où, avec de l'argent, on parvient à imposer n'importe quoi. Cela ne dure pas ? Qu'importe : les gens qui s'occupent de business n'ont pas ce souci-là, pourvu que ça leur rapporte!

— *Pour faire entendre sa voix, le poète doit donc s'armer de patience ?*

— Le croirait-on ? La patience peut être aussi un piège! Et belle est l'impatience quand elle a longtemps vécu et quand elle sort de plusieurs côtés à la fois. L'impatience, c'est la contradiction dans l'histoire. C'est l'impatience qui fait avancer l'homme. Elle éclate en un lieu et temps de grandes contradictions. L'impatience éclaire alors toute la situation d'un seul coup.

La patience n'éclate jamais : on peut dire d'elle qu'elle construit de temps en temps les Pyramides. Déjà pas mal. Si l'on sait comment se sont construites les Pyramides, on ne sait pas encore à qui elles ont été utiles ; on ne sait pas encore grand chose des Pyramides.

— *Tu chantes cette impatience, fière et soudaine, qui a porté ses fruits. Avertisseur et détonateur, le poète n'est-il pas sans le savoir un carrefour ?*

— Il n'a pas besoin de le savoir : qu'il se contente de l'être ! Mais c'est vrai : si mes chansons doivent être utiles, j'aimerais qu'elles soient ce point de rencontre où les gens se découvriraient proches, voisins et se mettraient à parler. J'ai souvent rêvé de voir, au cours d'un spectacle, les gens se lever, se donner la main, se parler.

J'ai rêvé, je l'avoue, à cette rencontre qui suivrait un de mes spectacles. J'en rêve encore aujourd'hui.

Il me semble que des mots agencés ensemble peuvent être assez puissants pour faire se lever les gens, se parler, se reconnaître et, sans excuses à l'artiste qui est là, qui est en train de se démener, quitter la salle. Quelle merveille, imagine une soirée à la fin de laquelle les gens se lèvent, s'en vont et se parlent, convaincus qu'ils ont quelque chose à se dire et à apprendre l'un de l'autre ! Voilà : l'évolution est commencée. On en rêve tous. Nous rêvons, nous les auteurs-compositeurs, les poètes, depuis des millénaires, de formules magiques, de cette magie dont on a parlé ensemble au début, et qui serait susceptible de transformer le monde, une espèce de magie des mots qui ferait que les gens se parlent, se rencontrent, se reconnaissent, qu'ils prennent conscience d'eux-mêmes et du voisin à nos dépens !

Mon Dieu ! si c'était possible : les gens se mettraient à prendre conscience non pas de ce qui leur a été dit, mais d'eux-mêmes, de ce qu'ils sont, de ce qu'ils font dans la société, de leur pouvoir. Que les gens s'en aillent chez eux investis de pouvoirs ! Voilà qui serait intéressant !

— *Est-ce que ce n'est pas « ce pays du fond de toi » que tu chantes ?*

— Oui, quand je dis « Il me reste un pays à connaître », à découvrir, à faire naître, c'est à faire venir, à faire arriver. *Il me reste un pays*, c'est le pays intérieur : l'intérieur des gens ne s'est pas encore rencontré. C'est pourtant le seul espoir qui reste : se rencontrer intérieurement. Et ça part des individus. Je ne crois pas qu'il y ait de mouvement collectif qui puisse réaliser ça : faire rencontrer des êtres, l'intérieur des êtres.

— *Autrement dit, tu ne crois pas qu'en changeant les structures d'une nation ou d'une société, on changera l'homme en même temps ?*

— Oh non !

— *Cela nécessite de la part de chacun un mouvement pour vouloir se rencontrer soi-même et rencontrer d'autres, donner et partager.*

— Ne pas tout refaire, ne pas tout briser, ne pas tout écraser, ne pas tout réduire en poussière parce que l'on vient de trouver la solution. On ne trouve jamais la solution : on trouve des accommodements, on amende la loi, mais on ne refait pas la loi. A force d'amender, on la refait, bien sûr. Il faut donc l'amender vite, et beaucoup. Ce n'est pas difficile d'être en progrès sur la jurisprudence universelle.

— *L'homme se rend compte en fait qu'il est seul devant l'ampleur de la tâche. Éprouves-tu, toi aussi, ce sentiment de solitude ?*

— Bien sûr, comme tout le monde. On doit être bien seul quand on meurt, on doit être solitaire au moment où la mort oblige à l'immobilité.

— *Pour toi, c'est sans espérance ?*

— Non, je crois grossièrement, bêtement, qu'il y a une survie après la mort. Pas « à cause de l'injustice » ou parce que « ce serait trop bête », ou par pur réflexe religieux. Je pense qu'il y a une survie après la mort, je crois ça, cela fait partie de mon envie d'avoir une petite lueur. J'ai tellement envie de la voir que je la vois et que je le dis : je crois qu'il y a une petite lueur. Et l'autre dit : « Si tu crois qu'il y a une petite lueur, eh ben, je vais marcher encore un bout de temps. »

Tout à coup, il dit : « Ben, il me semble que j'ai vu quelque chose, moi aussi. » Et l'on marche sur cette volonté de marcher et de trouver. Et puis faudrait que j'en parle au Dr Moody ! Tiens.

— Ce n'est pas simplement qu'une envie. Si cette envie reposait sur une idée de quelque chose ?

— Oh moi, je n'ai pas de certitude. Finis comme nous sommes, je trouverais ça un peu grossier d'en avoir quelques vues ! Il existe une telle somme d'incertitudes !

— Beaucoup d'artistes se demandent parfois d'où vient cette idée après laquelle on court sans arrêt, ce quelque chose qui nous dépasse et que le poète essaie d'atteindre parce que sa sensibilité le lui fait pressentir plus qu'à d'autres ?

— Celui « de plus que moi » que je m'efforce d'être, celui qui lit par-dessus mon épaule est très sévère ! Bien sûr qu'il y a en nous quelque chose qui nous dépasse. Nous ne sommes pas assez curieux de l'homme. On investit des milliards sur la démarche extérieure de l'homme pour se prouver qu'il est quelqu'un et on l'envoie sur la Lune, tout cela avant de l'envoyer sur lui-même, petite planète inconnue et ignorée sciemment. On s'intéresse mille fois plus à tout ce qui n'est pas lui. L'homme ne va pas à l'intérieur de lui-même parce qu'il a peur. Il a toujours eu peur de l'inconnu, ça n'est pas nouveau. Il a même peur dans le noir. Il a peur de ce qu'il y découvrira.

— *Le poète ne vient-il pas le rappeler à l'ordre ?*

— Je n'aime pas ton expression, mais c'est un peu
ça. Le rôle du poète, c'est de dire pour commencer :
« Je suis sur la plus haute tour : j'ai vu quelque chose
venir du fond de la plaine. Ce n'est pas un ennemi.
Méfie-toi de toi-même et prépare-toi. »

— *Vues de cette façon, la poésie, la chanson ne dédrama-
tisent-elles pas ? En chantant ce que tu écris, n'y a-t-il pas une
manière d'avertissement et aussi une façon de dédramatiser
l'existence ?*

— Il y a, dans la chanson, un côté solutionnaire,
il y a un côté espoir qui dit que l'avenir est faisable.
C'est en cela qu'on dédramatise, comme tu dis. En
outre, et c'est important, la chanson est accessible à
tout le monde, alors que le livre ne l'est pas et ne l'a
pratiquement jamais été. Aussi a-t-elle cette santé
d'appartenir à la multitude et de n'être pas du tout
la chose de l'élite. Ça vaut bien d'autres qualités.

De l'argent
pour être heureux?

FRANÇOIS-RÉGIS BARBRY — *Comment concilies-tu le métier de poète avec le système nord-américain dans lequel se trouve le Québec? Plus qu'ailleurs, ici, le temps n'est-il pas de l'argent?*

GILLES VIGNEAULT — C'est une insulte à l'intelligence humaine que de dire que le temps est de l'argent, lorsque le temps de sauver la terre s'en va si rapidement. Je dis : « Le temps n'est pas de l'argent. » Si avec de l'argent seulement, on pouvait faire du temps! Du temps n'est pas de l'argent. Il faut le convertir en vie.

— *Mais l'argent est nécessaire?*

— C'est une monnaie d'échange. Ce n'est même pas un outil, c'est un rapport entre des outils, une référence, qui a fini par devenir une valeur, plus humaine que marchande.

— « *Combien gagnez-vous par an ?* » *est, dit-on, la première question que se posent deux Américains qui se rencontrent.*

— On se pose la même question, plus subtilement, ou à peine, mais autant de fois, dans toutes les Europes connues. J'en suis sûr. Loin de moi l'idée de vouloir défendre l'Amérique sous toutes ses formes, mais ce continent n'est qu'une miniature de l'aventure du monde. L'aventure du monde, on voit ce que ça a donné depuis des millénaires! L'Amérique a tout attrapé en concentré. Ils sont très forts sur le concentré et sur la concentration! C'est donc beaucoup plus tendu et plus violent qu'ailleurs parce que plus concentré. Le jet est plus petit, l'eau sort plus vite. On vit aujourd'hui le problème du pétrole de la même façon qu'a été vécu le problème des épices, en leur temps, toutes proportions gardées. Les Américains ont été coincés par leurs deux cents familles très riches et leur notion de la liberté de commerce, sous toutes ses formes. Ils sont dans une espèce de corridor qui les fait déboucher sur des statistiques effrayantes : 6 % de l'humanité consomme 50 % de la production mondiale. On est là-dedans, au Canada! Je dis bien « au Canada ». On produit beaucoup aussi, parce qu'on a une terre aux richesses incroyables. Mercure, le dieu du commerce, s'est entendu avec Mars, le dieu de la guerre, pour agir très vite de connivence chez les Américains : la marmite du monde réduite à un pays. J'ai l'air d'exagérer quand je dis ça? Sauf dans ses institutions politiques fédérales, un Texan est aussi éloigné d'un Virginien ou d'un New-Yorkais, qu'un

Irlandais d'un Breton. On ne s'en rend compte que dans le langage. Et encore !

— *Le fameux « réveil du Québec » s'est produit dans un vingtième siècle standardisé sur le modèle américain et donc économiquement très avancé...*

— Oui. Nous sommes le pays le plus développé des pays sous-développés. Colonisés culturellement par la France, économiquement par les États-Unis, institutionnellement par l'Angleterre et politiquement par le Canada. Comme colonisation, ce n'est pas mal.

— *Dans ce réveil, les artistes, les écrivains, les cinéastes ont eu un rôle de premier plan. Au fond, vous avez rendu aux gens leurs racines en leur disant : « Vous êtes " différents ". »*

— On n'avait pas tellement à leur dire : ils le savaient. Mais certaines choses avaient besoin d'être confirmées. D'être réentendues, lues noir sur blanc. Combien de fois n'en a-t-on fait l'expérience. Tu reçois un télégramme important : on te le lit au téléphone, mais ça n'est vraiment que lorsque tu liras les mots inscrits sur le papier que tu y croiras. Et pourtant tu le savais ! Eh bien voilà ce que nous avons fait : nous avons envoyé des télégrammes.

Tu sais le climat socio-politique, religieux et culturel nous donnait envie de parler de nous, après tant d'années d'obscurité. On avait envie de regarder d'un peu plus près ce grand hêtre dont on connaissait le feuillage. Mais il commençait à sécher. Alors on a voulu voir les racines pour savoir pourquoi la sève ne circulait plus. Quelle meilleure occasion qu'un dégel pour provoquer un réveil? Quelle meilleure saison que le printemps pour parler de racines et de feuilles et de la relation qu'il y a entre les deux?

— *La chanson québécoise, comme le cinéma, la poésie, a agi comme un miroir social?*

— On est arrivé avec le miroir. Si nous n'étions pas arrivés avec le miroir, on se cassait la figure en scène. Ça paraît facile à dire surtout après coup, parce que ce sont des images que l'on trouve après que les choses sont faites. Mais ce n'était pas évident à ce moment-là. La moindre petite analyse nous dit tranquillement si vous ne montrez pas aux gens d'abord honnêtement qui vous êtes et par réflexe qui ils sont, vous ne les intéressez pas. Si vous ne parlez pas d'eux-mêmes, vous ne parlez que de vous, vous n'intéressez pas les gens pas profondément. Vous allez les intéresser pour un « tube », le temps d'un « hit », le temps d'un gros succès et puis cela s'éteindra comme un feu de paille. On s'intéresse à vous, à votre cœur et à vos émotions profondes dans la mesure où elles reflètent le profond de l'homme. Parce que les hommes viennent au spectacle pour se projeter dans une immortalité, fût-elle de pacotille. On vient au spectacle pour oublier que l'on va mourir.

— *Pour « dédramatiser le tragique de l'existence » ?*

— Exactement. Les gens viennent au spectacle pour rire. La preuve? Ce n'est pas la seule preuve et ce n'est pas le seul critère de leur succès, mais c'est la popularité des comiques, des « gens qui font rire ». Ils bourrent les salles. Faire rire avec ce que tu voudras d'ailleurs, faire rire avec les gens qu'ils aiment ou non l'humour, tu bourres ta salle!

— *Dans ce miroir, le public se retrouve, ou tout au moins il se trouve, beau ou laid.*

— Les deux : quand il se trouve comme il est, ça crée en lui une dynamique de changement. Ça lui donne envie d'être mieux. On ne prend jamais le temps de faire un compliment à faire au public dans nos chansons. On ne fait pas beaucoup de compliments à l'homme dans la poésie qui s'écrit sur le monde.

J'étais en train d'écrire un sonnet sur les jeux Olympiques. Ça ne servira pas à grand-chose, mais je me demande si je n'en ferai pas une chanson. Ce n'est pas pour profiter des immondes retombées, pour faire un peu de fric avec une chanson! Mais je suis certain que cela va intéresser de montrer ce petit miroir où l'on voit le reflet des rêves d'universalité, comme ce coureur parti depuis des millénaires à la poursuite de l'humain. Tous ces olympistes racontent l'homme mieux que ne sauraient le faire les poètes. On se réunit dans un pays donné pour rendre une espèce d'immense hommage collectif au dieu de la compétition, à la compétition, au défi. Sous les apparences de maîtrise de l'agressivité humaine, il s'agit de montrer combien l'homme est beau; comme il saute bien, pas si haut que le léopard, mais quand même; comme il vole bien, pas si vite que le martinet, mais tout de même; comme il mord, bien

moins que le tigre, mais ; comme il vit longtemps, moins
que l'éléphant ou que la baleine bleue, mais... : comme
il est extraordinaire dans son animalité et comme il sera
prêt quand il sera temps de faire la guerre, comme ça
sera profitable à la guerre ce bel esprit soi-disant sportif !

Pendant ce temps, on dépense un milliard de
dollars. Alors que le Tiers Monde meurt de faim à
Dacca et se retrouve nu en Angola ou en Turquie,
après un tremblement de terre. Cela ressemble un
petit peu à la guerre, je crois, et les secours prennent
du temps à arriver.

L'homme est beau quand il va au secours, quand
il court très vite pour aller au secours mais ce n'est
pas à ce genre de course qu'il s'exerce dans la compétition olympique.

Il n'est pas très beau, l'homme, quand il bombarde
un camp de réfugiés palestiniens, quand il prend des
enfants en otages. Il est toujours explicable. C'est le jeu
du « Ce n'est pas moi qui ai commencé ». Quand y
aura-t-il quelqu'un pour dire : « C'est moi qui termine ! » L'ennui, c'est que pour celui qui va dire « c'est
moi qui termine » ça va être terminé pour lui. Lui sera
lavé de la planète. Là, il n'est pas très beau, l'homme,
pas très encourageant. On n'a pas grand compliment
à lui faire depuis des millénaires : il n'a pas fait beaucoup de progrès sur lui-même !

« Parti depuis des millénaires sans jamais changer
de chemin, voyez passer ce mercenaire à la poursuite
de l'humain. Son rival et son partenaire, tout était
écrit dans ses mains. » Dans la mesure où l'on traduit
ça dans une chanson et où on acquiert le droit de la
chanter en public à tue-tête avec la voix qu'on a, avec

les moyens du bord, en 1960, on devenait des miroirs presque officiels. Curieusement chaque pays trouve à travers ses poètes, ses cinéastes et artistes, ses hommes de théâtre et ses peintres une façon de s'exprimer au monde, de se nommer, de dire : « Je suis là, j'ai telle angoisse et je veux telle chose et, en particulier, je n'ai pas envie de mourir. »

Curieusement, au Québec, c'est la chanson qui a été le miroir que l'on a mis dans la salle de l'ambassade pour recevoir les visiteurs. C'est la glace que l'on a mise pour que l'étranger qui vient se regarde et se voie aussi et se croie Québécois dans certains cas.

On ne l'a pas mise en argent, ce qui prouve que l'argent c'est limité. L'argent, c'est limité : la preuve, c'est qu'on ne peut pas suivre deux programmes de télévision (même en couleur) en même temps. On ne peut pas conduire deux bateaux de course en même temps. Quoi qu'on puisse acquérir, il y a des choses que l'on ne peut pas faire en même temps que d'autres. Le temps étant limité, il limite l'argent ! Ce n'est donc pas un miroir qui a coûté cher à la province de Québec que nous avons proposé. Les subventions qui ont été accordées aux auteurs-compositeurs, depuis que ça existe, c'est-à-dire depuis environ 1950, ne feraient pas un film. Or, c'est ce que le Québec a été obligé de prendre pour le représenter. On commence maintenant à envoyer des miroirs du type cinéma, du type théâtre, mais le premier miroir a été le miroir de poche de la chanson. C'est drôle : on a été obligé de mettre ce petit miroir de poche dans l'ambassade, dans la salle de réception, mais c'est à contrecœur parce que ça ne faisait pas sérieux !

Cela faisait longtemps qu'on avait pas osé parler de nous-mêmes. Après avoir été une jeune fille, la chanson était une jeune fille qui n'avait pas le droit de montrer ses jambes. Un jour, elle a dit : « Moi, je danse! Mon jupon? Si tu en parles encore, la mère, je l'ôte! » Et elle l'a ôté.

— Dans un premier temps, le miroir, même « de poche », avait quelque chose de prestigieux et faisait bien « dans le décor ». Les gens s'y regardaient avec complaisance quand il montrait l'image du passé, il semblait plaire. Quand il s'est mis à refléter une image plus actuelle, plus « d'actualité », les chansonniers auteurs et compositeurs ont été écoutés avec moins de sympathie.

— On est toujours mieux vu dans un salon quand on raconte des aventures passées que lorsqu'on raconte les aventures qui devraient arriver! C'est d'ailleurs plus facile. C'est plus confortable et ça rapporte générale-ment plus.

Sur le plan du prestige ou de l'argent, quand on pose des questions, que l'on donne de vagues réponses à des questions qui n'étaient pas posées, cela va bien. A partir du moment où l'on commence à nommer des choses, des gens, des institutions... quand on nomme des individus, ça va, mais si l'on nomme la collectivité, il y a souvent quelqu'un qui s'intéresse à la politique pour protester et qui signale que cela serait mieux de ne pas parler de ça. Ou de parler d'autre chose. Ou de ne pas oublier de donner son nom! Combien de fois certaines dames (il n'y a pas beaucoup d'hommes qui m'ont dit ça), très « ligne

ouverte », parfois de la haute (soi-disant haute), mais
très engagées dans les organisations charitables, m'ont
dit : « Monsieur Vigneault, c'était si joli quand vous
vous occupiez de poésie, quand vous nous racontiez le
passé, les belles choses de notre pays, mais là vous vous
mêlez de politique, vous *faites* de la politique. Je vous
aime beaucoup moins depuis que vous vous occupez
de politique. »

Cela prouve que les gens ne se rendent pas bien
compte encore de ce qu'il se passe. Une chanson comme
Les gens de mon pays est beaucoup plus engagée non pas
à cause du mot « liberté » de la fin, mais à cause de tout
ce qui s'y dit et de tout ce qui s'y raconte. Le seul fait
d'évoquer la réalité, c'est de l'engagement. Le mot
« pays » tout seul est un engagement, ici, puisqu'on ne
le possède pas encore ce pays, on se le fait voler tous les
jours! Il faut voir les tonnes de fer qui partent d'Havre-
Saint-Pierre à Cleveland pour s'en rendre compte...

— *Dans ce contexte, l'artiste que tu es veut également se
manifester comme un citoyen responsable.*

— Oui. On est responsable. On n'a pas le droit, de
quelque métier que l'on soit, de prendre deux heures
du temps des gens qui vaut plus que de l'argent et de
leur faire passer ce temps-là à oublier la réalité, à les
dissocier une fois de plus de la réalité par des évasions
personnelles. Je crois que l'éthique humaine me l'interdit, si tant est que ce luxe existe. Je trouve très grave
d'avoir la parole, et le public nous donne la parole. Il
ne faut pas brader cette confiance pour des prunes,
pour des pinottes. C'est une affaire très grave que

d'avoir la parole pendant deux heures devant des gens qui vous écoutent et qui payent. Qui payent pour venir vous écouter.

— *Qu'est-ce, pour toi, que cette démarche de payer ce temps de parole que le public te donne ?*

— Cette démarche de payer, cela fait partie de notre univers. On ne peut pas préparer des spectacles, faire des spectacles sans être rémunéré : on gagne notre vie (bien d'ailleurs). Il faut ajouter que c'est mal réparti pour tout le monde, mais on est tout de même mieux payé, en moyenne, que le marin pêcheur. La démarche de payer est un acte important pour les gens dans cet univers de consommation où l'offre est primordiale et la demande généralement refusée. Si on ne paye pas pour ce que l'on obtient, on a l'impression de n'avoir rien obtenu! C'est triste et grave.

— *Donnes-tu des spectacles gratuits ?*

— J'ai donné des spectacles gratuits avec autant de cœur que d'ordinaire. J'y travaillais parfois davantage. Il m'arrive d'en donner encore mais plus rarement, avec plus de circonspection, parce que j'ai constaté que moins le public payait, moins il était bon, moins il trouvait ça bon. Plus il réclamait, et plus il était déçu. C'est curieux et même décourageant : tu donnes dans la même ville un spectacle gratuit un soir et, le lendemain, un spectacle payant. Eh bien! tu bourres le spectacle payant et tu ne fais pas salle comble lors du spectacle gratuit. Tu peux demander ça à n'importe quel artiste. Ça démontre que l'argent n'est pas assimilé comme relation entre les outils, et qu'il finit par ressembler à une fin à force d'avoir éliminé tous les moyens.

— *Est-ce qu'il n'y a pas dans le geste de celui qui donne plusieurs dollars ou plusieurs dizaines de francs l'idée suivante : cet argent, c'est le fruit de mon travail quotidien : quand je le donne à l'entrée d'un spectacle, je viens avec... un bout de mon quotidien et, toi, l'artiste, je te demande d'en faire quelque chose de beau ?*

— Il y a de ça, sûrement. C'est un aspect à ne pas négliger dans ce propos. Il y a de la part de l'artiste une déception profonde quand il offre quelque chose qui n'est pas accepté. Ça fait de la peine plus que ça ne fâche. Mais il ne faut jamais oublier que le public est content de payer, pas des prix fous mais un prix raisonnable, pour ce qu'il obtient. Il y a une démarche positive, d'échange réel, de communication dans le fait de choisir tel billet pour tel artiste, et tel soir d'y aller... Tout ceci a l'air de se contredire, mais tout se complète pourtant.

— *Un spectacle n'est-il pas fait de contradictions et d'ambiguïtés ?*

— De contradictions et d'équivoques qui finissent par produire de petits démarrages. C'est comme un moteur qui hésite à partir : il faut le reprendre. Finalement, ça part parce qu'il y a eu plusieurs tentatives d'allumage. On passe toute la soirée à essayer d'allumer le public pour qu'il sorte enflammé avec l'envie de changer sa vie et la vie des autres. On a envie de changer le monde quand on chante. Autrement, cela ne vaut pas la peine de chanter ! On a envie de changer le monde, on a envie de se changer soi-même, on a envie d'annihiler la mort.

Vous retrouverez mes chemins

FRANÇOIS-RÉGIS BARBRY — *Tu dis : les gens viennent au spectacle pour oublier leur condition d'humains, de mortels. Ton métier, ajoutes-tu, a pour but essentiel d'empêcher les gens de penser à la mort. Mais toi-même, ne viens-tu pas en scène pour la même raison. Ne chantes-tu pas : « Je chante pour ne pas courir, je chante pour ne pas mourir » ? Le spectacle n'est-il pas pour toi un moyen de régler tes propres difficultés, ne viens-tu pas chercher auprès du public un secours ?*

GILLES VIGNEAULT — Je ne viens pas que pour cela. Je pourrais régler mes propres problèmes autrement, s'il n'était question pour moi que de cela. C'est vrai que la chanson, le spectacle m'aident à résoudre, par la bande, mes propres contradictions : en les montrant, on les relativise, en les racontant, elles deviennent moins graves, elles font moins souffrir. Cela va toujours mieux quand on se confie à un ami; à plus forte raison quand on se livre à des centaines d'amis à la fois!

Mais si la scène ne devait être pour moi qu'une thérapeutique, eh bien elle ne suffirait pas : car je n'expose pas tout mon être en public. Je suis contre ce nu intégral des cœurs et des âmes. Il faut laisser deviner un peu, il ne semble pas correct envers le public d'accomplir tout le chemin de notre rencontre sans lui laisser la possibilité de faire, lui, quelques pas. D'autant que lorsqu'on montre tout de soi, on a vite l'impression d'avoir tout dit et de n'avoir plus grand-chose à faire !

— Mais l'artiste de la scène n'est-il pas avant tout un exhibitionniste qui éprouve un besoin physique de se produire devant des spectateurs, en tout bien tout honneur ?

— Bien sûr ! Si l'on n'est pas exhibitionniste, on ne fait pas ce métier-là. Pas plus qu'on ne devient politicien, harangueur, faiseur de serments, on ne peut prétendre devenir un montreur de mondes sans ce goût prononcé pour le spectacle. Ce sont là des métiers inconciliables avec l'ascèse du silence. On peut être exhibitionniste et savoir se contrôler que diable !

On a fait si longtemps mystère de nos sexes et nous sommes encore si puritains qu'aujourd'hui pour être à la page, il faut tout montrer, ne rien cacher. On n'accueille plus les gens au vestibule, avant de passer au salon, c'est tout de suite la chambre à coucher. Ce n'est pas la nudité qui me fait peur, c'est la manière qu'on a aujourd'hui de se précipiter sur elle.

Mon père disait : « Quand un bateau montre ses flancs, c'est qu'il se prépare une sacrée tempête et que l'on risque de se retrouver monté en cale sèche pour tout l'hiver... ou pour toute la vie ! »

— *Mais est-ce si facile de retenir ce don de soi ? Dans l'enthousiasme, le public devient exigeant : il veut tout savoir de cet homme ou de cette femme qu'il fête.*

— Le public en veut, en demande, en redemande, et l'artiste est souvent prêt à en donner beaucoup. Mais le public ne s'attache pas à ceux qui dévoilent si aisément leur mystère, à ceux qui ne laissent aucun effort d'imagination et de perception à accomplir, qui, au fond, ne lui font pas confiance. Il a l'impression d'être méprisé, le public, et de ce fait se fatigue très vite de ces pseudo-dialogues, de ces rencontres sans surprise qu'on lui propose.

J'appelle cela de la pudeur et j'aime trop les gens que j'invite dans mes mots et dans mes phrases pour les provoquer brutalement. Dieu me garde de mépriser le public ! Parfois on se prend à ronchonner, en sortant de scène, après un spectacle où le courant ne passait pas bien. « Mais qu'est-ce qu'ils avaient donc, ce soir ? » Erreur ! Ce n'étaient pas eux, c'était moi qui n'allais pas comme il faut, qui ne me donnais pas suffisamment, non en quantité, mais en qualité. Alors, que veux-tu, le public reste sur ses gardes, il ne t'accompagne pas sur ta route, et parfois même te laisse tout bonnement en plan.

Un spectacle, c'est comme une rencontre, une découverte à faire. On l'a souvent comparé à une aventure amoureuse, c'est vrai. En amour, que fait-on ? On se présente, on se parle, on se raconte quelque histoire, on rit ensemble, et puis si l'expérience est bonne, si on a envie de rester ensemble, la complicité s'installe, puis l'envie d'être intime avec l'autre. C'est un chemin que l'on fait chacun de son côté pour se retrouver au lieu de rendez-vous. Il y a là tout un rituel qui s'est élaboré dans l'histoire des hommes, une manière de vivre bien naturelle. Qui sont ces artistes qui se précipitent sur leurs spectateurs comme des oiseaux de proie? Dans la minute qui suit le début de leur concert, on n'ignore plus rien d'eux tant leur impatience est grande d'en venir au fait, sans prémisses. Même les animaux n'agissent pas ainsi.

A leur risque et péril. Encore une fois je ne conçois pas mon métier de cette manière et je ne me force pas. Encore une fois, je crois profondément à ce respect, à cette confiance qu'un artiste se doit d'avoir pour le public. Si la poésie est matériellement composée de mots et de phrases, elle n'en comporte pas moins une part de non-dit, de silence, de références sous-entendues qui n'est pas moins éloquente, pas moins importante. C'est là que tout se joue, c'est là que se noue ce lien d'intelligence, de compréhension entre l'artiste et celui qui l'écoute. On en revient à la magie dont on parlait au début de cet entretien à propos de la musique. Tout se tient là.

— C'est vrai que sur certains thèmes tu es plus secret que sur d'autres. Autant tu es direct, sans équivoque quand Ti-Cul-la-Chance *s'adresse à son premier sous-ministre, autant tu es beaucoup plus réservé quand tu parles d'amour.*

— Oh, ce mot dont la survie jusqu'à nos jours reste un sujet d'étonnement!

— *Il est présent dans ton vocabulaire, dans tes poèmes, dans tes chansons. Et on peut remarquer qu'il est souvent nostalgique, inaccessible, souvent illusoire, fragile.*

« J'ai pour toi l'amour quelque part au monde
Ne le laisse pas se perdre à la ronde... »

« Je ne dirai plus Je vous aime
Je ne dirai plus Pour toujours... »

« Qu'il est difficile d'aimer
Qu'il est difficile... »

— Je crois que je réponds avec mes chansons. Sur ce point, comme sur les autres. Mon langage est la chanson et je prends la parole sur scène et sur disque. Ce que j'ai de meilleur à dire c'est là que je le dis, je pense que l'on est bien d'accord. Je veux te dire à ce propos l'image que j'ai de l'interview en général et de l'interviewer en particulier. Ceci en toute amitié! Celui qui interroge me fait souvent l'effet d'un voyeur qui se trouve devant une porte grande ouverte et qui demande à ce qu'on la referme afin qu'il puisse regarder par le trou de la serrure! Là, tu arrêtes ton mécanisme sur le mot *amour*. Je veux être discret sur ma vie privée, car j'estime une fois de plus que ma vie privée m'appartient envers et contre tout.

Pour le reste, je te renvoie à ces chansons que tu cites si bien! La porte est ouverte en scène. Tout est dit dans les mots. En scène, on montre un peu de son âme. Cela me semble plus difficile dans le cadre d'un entretien, en ce qui me concerne.

— Ce n'est pas tellement de montrer qu'il s'agit, mais de dire ce qui existe, de faire saisir comment cela existe à travers toi. Or, quand Gilles Vigneault chante l'amour, il le fait avec une réserve délicate et une certaine appréhension. Dans la chanson Gros-Pierre, *la femme est présente comme une illusion d'optique, un peu comme dans* La Manikoutai *dans cette analogie avec la rivière qui change avec les saisons :*

> « Ils diront que c'était une femme
> Moi je dis que c'était la Manikoutai
> Le dos souple et la danse dans l'âme
> Telle était la Manikoutai... »

Y a-t-il chez toi une peur de la souffrance ? une crainte de la désillusion ?

— Non. Là où d'autres seraient violents et obscènes, je suis par nature précieux et pudique. Mes propos sont masculins? Mais ils sont moi, que je sache, qui suis un homme. Je ne me sens pas le droit de refaire l'image de la femme et de profiter de mon audience pour en imposer une qui me conviendrait plus particulièrement. Disons que ma nature et mes limites me portent à restreindre au maximum le racisme naturel que l'homme porte à la femme. La quête de l'amour est comme celle du pays : elle est essentielle, car c'est la seule façon de se situer, de se reconnaître et donc de se rencontrer.

— C'est, pour le poète, une quête solitaire, une marche éternelle vers un ailleurs qui ressemble à la recherche de l'absolu. « Il était seul et marchait vers le nord du Nord. »

Ne pourrait-on pas dire que cette chanson Le Nord du Nord
est la plus significative de ta démarche ?

— C'est effectivement la chanson dans laquelle
j'ai mis le plus grand nombre de thèmes qui me sont
chers : l'amour, la vie, la mort, l'espace, la politique,
la désespérance et l'espoir. C'est un grand rêve. Sans
doute n'est-elle pas parfaite, mais elle contient certainement le plus de mon propre discours.

— *On ne peut qu'être tiré par l'oreille, quand on tente de*
mieux te connaître lorsqu'on entend :

« Je ne sais pas comment on chasse
J'ai peur des pièges qu'on me tend
Je passe sans laisser de trace
L'autre côté du Nord m'attend... »

« Je voyage à contre-jeunesse
A contre-courant du bonheur...

Et les chemins qui me mènent
Partent de nuit vers le nord. »

ou enfin

« Quand j'aurai dépassé vos pièges
Les loups mangeront dans ma main
Saison qui vient première neige
Vous retrouverez mes chemins. »

N'y a-t-il pas là toute ta propre vision de l'existence, et
de cette folle espérance du poète qui tente de joindre les deux

bouts : l'univers restreint, limité et douloureux dans lequel l'humanité se débat et l'appel de l'absolu, la soif de perfection, le « plus loin » et le « plus haut » qui l'obsèdent ?

— Comme c'est bien dit ! Mais il ne faut surtout pas se prendre au sérieux. Il existe un mot pour caractériser une chanson comme *Le Nord du Nord*. Disons que c'est la plus sémantique peut-être de celles que j'ai écrites jusqu'à présent. Mais que tout ceci fait prétentieux ! Je ne calcule pas tout cela, je ne philosophe pas à longueur de journée, comme on le fait à présent là, en ce moment. Tu me donnes là une importance que je n'ai sûrement pas. On n'a pas écrit de livres sur mon père, alors que sa vie était sûrement plus riche de signes que la mienne ne sera jamais. Pas plus qu'on écrira beaucoup de livres sur Johnny Bourgeois qui a vécu toute sa vie, humblement, à Natashquan.

Non pas que je refuse tes questions, ni de me pencher sur ce que j'essaie de faire de ma propre vie. Sans doute est-ce important pour toi.

— *Et pour tous ceux qui t'écoutent, se reconnaissent dans tes élans et dans tes phrases. Ta popularité. Ta popularité fait de toi un rassembleur. Il est légitime d'essayer d'explorer ce qui en toi fait naître les paysages que tu proposes, ce « pays du fond de toi ».*

— D'accord. Mais en même temps, je veux relativiser notre entreprise. Quelle chance nous avons de savoir parler, de prendre la parole quand cela nous convient, de nous expliquer, de nous justifier.

On n'écrira pas de livre sur Bastien Malek, l'Indien

de Natashquan, cet homme noble et juste, dont la droiture me paraît venir d'un grand équilibre intérieur, d'une force considérable sur lui-même et sur le monde. Dans sa vie à lui également, on trouve des signes qui ont leur importance. Il était venu avec ses frères à l'enterrement de mon père, pour chanter en langue montagnaise. C'était émouvant, et les larmes m'en reviennent quand j'en parle.

Bastien est mort, après avoir eu quatre femmes et vingt-deux enfants. Dans le bois où il vivait, il a annoncé à sa femme : « Va au village! Je veux mourir ici. » Il savait que sa fin était proche. Il est mort sur son canot, qu'il menait toujours à 70 ans passés. Il avait travaillé toute sa vie, et pour les Blancs.

On n'écrira pas beaucoup de livres sur lui. On n'en écrira sans doute jamais un seul. Et j'en reviens là, une fois de plus, à cette nécessité qu'il y a pour moi de nommer. Nommer ce héros qui ne laissera jamais de nom, qui n'aura jamais ni titre ni gloire. Qui n'aura jamais le plaisir de voir son nom gravé, noir sur blanc, en belles lettres, sur aucun article, document, monument. On n'a pas idée de l'importance que donne aux gens le fait de proposer un petit carton où figure leur nom. Je ne crois pas qu'il s'agisse de vanité. C'est la manière qu'ils ont d'affirmer qu'ils existent et qu'ils aimeraient qu'on en tienne compte.

Alors, ma propre vie! Sans fausse modestie, elle ne compte pas pour beaucoup. Spontanément, j'ai voulu me mettre au service des gens que je connaissais, qui vivaient sans parler et dont personne ne parlait. Il me paraissait normal qu'ils aient leur place dans la geste du siècle. Le comprendra-t-on? La poésie qui s'amuse à égarer les gens m'insulte. Il n'y a pas de conformisme en elle. Elle peut être langue des villes comme langue des champs. « Il y a, m'a-t-on dit un jour, beaucoup de Ti-Paul-la-Pitoune et beaucoup de John-Débardeur en ville. Eux non plus ne sont pas " nommés ". On oublie encore plus vite en ville. Le temps y est mort. Parfois, l'homme qui s'appelait John-Débardeur à Natashquan devient Ti-Cul-la-Chance à Montréal ou à Paris, parce que sa condition change de géographie, s'approche du lieu de décision et qu'il ne peut plus faire autrement que d'interpeller le responsable qui se moque de lui, qui le prend pour un ignorant et un naïf.

— *Que tu parles au nom des gens de ton pays, que tu préfères leur langage à tout langage académique, mille fois d'accord avec toi! Mais qui te dit que ce que tu écris est valable? Entre la page écrite et le public, as-tu quelque moyen de mesurer? As-tu tes premiers lecteurs, tes premiers juges capables de te dire si tu peux risquer le jugement du public?*

— C'est indispensable : aucune chanson n'existerait sans cette épreuve. Dans cette grange, un peu à l'écart de la maison, je travaille avec Gaston Rochon. Quand nous avons mis au point quelque chose qui ressemble à une chanson, nous affrontons d'abord le jugement de ma femme, dont l'expression qui suit la première écoute suffit à dire ce qu'elle pense de ce que nous avons fait.

Viennent ensuite les amis. Claude Fleury, surtout. Claude est sûrement celui avec qui j'aurais dû signer quelques chansons, si nous avions été honnêtes tous les deux! Il faut parfois un seul mot pour terminer une chanson, le mot le plus difficile à trouver, celui sur lequel on piétine. Claude est de ceux qui m'aident à trouver ce mot. J'ai fini *Le Nord du Nord, La Manikoutai, Le temps qu'il fait sur mon pays, Les gens de mon pays*, parce que Fleury m'a dit : « Ça, c'est du bon matériel! Vas-y, finis-la mais tout de suite : n'attends pas six mois. » Quand cela vient d'un ami en qui j'ai confiance et dont j'admire le travail, car Claude Fleury est un peintre que j'admire entre tous, dont j'apprécie la patience et le détachement, je peux dire que son apport est d'un poids incomparable, qu'il tient à merveille son rôle de « premier auditeur ».

— *Ça fait un peu copain-copain, ton histoire.*

— Oui, bien sûr, je vois le lecteur d'ici : « En voici un qui est bien exploitable! » Mais qu'il se rassure, ça ne se passe pas ainsi, et c'est pourquoi l'amitié d'un gars comme Claude Fleury n'est en rien complaisance. Il faut se battre avec lui! Pour le convaincre, pour se réconcilier et même pour le payer! Ça fait partie de ses lacunes : j'ai beau l'engueuler, rien à faire! Et ça dure depuis des années. Avec les temps, on finit par s'entendre sur un *modus vivendi*. Mais je sais que sa négligence le laisse toujours au-dessous de l'inflation.

Quand Fleury est là, il est disponible : c'est une question de temps et non d'argent. Quelle merveille! C'est un ami exemplaire.

Jean Bissonnette, lui, est metteur en scène. Quand il entend une nouvelle chanson, il sait que son rôle sera de l'envoyer dans le public. Pour moi, une chanson avant le verdict du public, c'est Jean Bissonnette...

Tant d'autres : je ne peux pas les mettre dans un ordre quelconque, mais je ne conçois pas de travailler sans eux. Si je viens en France avec ma moisson de chansons que je trouve bonnes et qu'à l'arrivée, le Barbu, la Cerise, mes amis, Gilles Bleiveis qui s'occupe de la production et Michel Buhler, auteur, compositeur et chanteur, et Jean Terrier, quand tous ces gens-là font la fine bouche, eh bien, ça me dérange! Ils savent s'y prendre! Quand ils n'apprécient pas, ils marmonnent dans leurs barbes : « Le vieux, il commence à m'agacer... » Ce sont mes proches, et ils m'aident à me préparer à cette rencontre que j'aurai avec le public.

— *Ils te réconfortent, te sécurisent ?*

— Cela fait plaisir d'entendre au téléphone que la location des salles où l'on va se produire « marche bien ». A Bordeaux comme à Chicoutimi, à Chalon-sur-Saône comme à Rivière-du-Loup. Mais il ne s'agit pas de moi seulement. Je suis heureux d'entendre que François Béranger, ou Michel Buhler, ou Gilles Servat sont reçus avec amitié, que cela marche aussi pour eux. Et quand on me dit qu'une chanson de Claude Gauthier obtient du succès, cela me fait autant de joie que si c'était pour l'une des miennes.

Il n'y a pas de compétition entre nous. Nous faisons le même métier et nous savons ce que cela veut dire. On travaille, on crée, on est vivant!

— *Et heureux de l'être ?*

— J'aimerais vivre au moins cent ans pour savoir ce que représente un siècle. Nous avons tous, je crois, une forte envie de vivre à l'intérieur de nous-mêmes, beaucoup plus grande que ne peuvent en supporter nos corps dans la pollution actuelle. J'ai envie de vivre, je veux crier : « Arrêtez le massacre! Nous voulons vivre longtemps! »

— *Qui t'en empêche?*

— Une certaine sottise humaine qui répand l'huile sur les océans, alors qu'elle n'a rien à y faire Une certaine chasse à l'animal qui détruit les loups, la race des loups!

Pourrait-on parler du malentendu qui règne sur les loups? En voici qui font depuis longtemps les frais de la vindicte populaire. Pourquoi en fait-on systématiquement les animaux malfaisants, les justiciers du diable? Sa réputation de méchanceté continuera-t-elle jusqu'à l'extinction complète de l'espèce. Le loup ne devient agressif que lorsqu'il a faim. C'est alors qu'il sort du bois, mais il ne se nourrit d'abord que d'animaux morts. Faut-il qu'il ait faim pour attaquer un troupeau de caribous, le faut-il pour qu'il risque jusqu'à sa propre existence! C'est un être prudent qui sait à qui il a affaire... Pourquoi lui fait-on illustrer tous les péchés du monde? Pourquoi dire que « l'homme est un loup pour l'homme »? Nous vivons d'idées reçues, de témoignages de gens qui n'ont pas su voir, et qui n'ont pas su nommer ce qu'ils avaient en face d'eux. Comme c'est confortable : ce genre de choses nous rend détenteurs d'une vérité tranquille. Pendant longtemps ce genre de fables et de proverbes a assuré le pouvoir à des personnages qui n'en étaient pas dignes, à une élite qui abusait le peuple.

    — *La chanson populaire, celle qui circule partout, sous le manteau sous Mazarin, sur les barricades de la Révolution et de la Commune, dans les boîtes-à-chansons de Québec et de Montréal au cours de la Révolution tranquille, a mis, de tout temps, bon ordre à cela ?*

    — On en revient toujours là. On ne s'éloigne jamais de notre propos. A chaque étape, on fait de la politique.

    — *Sans doute parce que la poésie, la chanson sont quotidiennes, accessibles, disponibles sur l'instant ?*

    — Heureusement! J'ai honte de mon espèce à la vue de certains hommes politiques et militaires. Que de petits pouvoirs oppressent notre univers au moyen de tant de petits chantages! L'un dans l'autre, je veux continuer d'écrire des chansons et j'en écrirai encore beaucoup tant que me restera le goût de chanter, et tant que le public voudra bien me garder son oreille et son amitié. Je lui garde tout ce qui me reste de voix!

Il faut une grande envie de ce métier pour le faire. Il faut que l'envie de devenir l'autre nous saisisse au point de ne pouvoir résister. Devenir « l'autre », celui dont on rêve, quelle tentative! Mais cette tentative-là n'est pas solitaire : nous sommes un groupe de fous à y croire, à l'entreprendre.

Je me retrouve aujourd'hui à me rendre compte que

je suis un homme « qui a fait des chansons », comme on dit. Mais qu'y a-t-il derrière la main qui écrit et la voix qui prononce? Une somme d'amitié, d'admiration et de fidélité telles qu'il est impossible de n'y pas répondre, que l'on ne peut pas faire autre chose que suivre, continuer.

Pendant de nombreuses années, M. Avon était le violoniste du groupe. Il n'y avait pas son pareil pour jouer la gigue : un grand musicien. M. Avon qui ne joue plus avec nous depuis plusieurs années fait toujours partie de nous. Il continue à m'apporter ce qu'il m'a donné lorsqu'il était parmi nous. Souvent la question me vient, quand j'essaie une chanson nouvelle : « Qu'est-ce qu'il en penserait? » « Aurait-il envie de trouver le rythme là-dessus? » Il y a beaucoup de moi qui appartient à ceux qui m'accompagnent sur ma route.

Sans doute suis-je le chef d'orchestre de tout ce qui se passe autour d'une chanson, je ne veux pas fuir mes responsabilités, non. Je travaille beaucoup, je tente de trouver le mieux possible l'expression qui convient à cette somme de souvenirs, de rencontres, d'élans vers l'avenir. Mais avant et après ce geste, quelle présence autour de moi. Quelle présence nécessaire et indispensable pour le métier que je fais, comme j'ai voulu le faire!

— *La chanson a pris dans notre monde une telle place que l'acte de chanter, la démarche de créer ces pièces courtes qui en disent aussi long sur les hommes et sur leur monde, ne peuvent passer inaperçus. Peut-être es-tu un artisan, sans doute es-tu le porte-parole d'un groupe, un chef d'orchestre. Il n'en reste pas moins que pour l'opinion la place d'un troubadour dans la société moderne est tout à fait unique, irremplaçable.*

— Mon oncle Edmond était connu chez nous pour être un fameux constructeur de bateaux : dans sa vie, il a, je crois, construit 108 embarcations différentes, de la chaloupe à la goélette. Il construisait ses bateaux pendant la saison d'hiver. Il les peignait au printemps. J'entends encore les cris du chantier : « Marche avec! » pour mettre la chaloupe à l'eau. Puis il y mettait une voilure, et si la musique du vent s'y prêtait, il s'en allait au large pour pêcher. L'été, mon oncle Edmond pêchait la morue, l'amenait, la piquait, la tranchait, la charroyait, l'arrimait, la salait et la resalait. Puis il la surveillait, l'inspectait jusqu'à la distribution. C'était sa vie : constructeur de bateaux l'hiver, pêcheur de morue l'été. Et il trouvait cela normal. Tout le monde trouvait cela normal.

Je fais un métier de nuit et de jour. Je n'ai pas de temps libre. Je suis très chanceux, je fais un métier qui me plaît et qui m'occupe sans cesse. Je ne m'ennuie jamais, je suis heureux. Comme mon oncle Edmond, je construis des bateaux que je lance ensuite au large, je m'embarque et je vais à la pêche. Quelle différence?

— *Le nombre de personnes que tu parviens à embarquer sur ta chaloupe chaque fois que tu t'en vas à la pêche. Sans doute me diras-tu que sur les ondes de la radio et de la TV, on rejoint rapidement beaucoup plus de monde que nulle part ailleurs, acceptes-tu d'être celui à travers qui le courant passe, le créateur responsable?*

— C'est sans doute ce qu'il me sera le plus difficile d'affirmer. Mais à quel degré? Je ne veux pas avoir l'air d'être un petit bonhomme, tout humble d'apparence, mais qui, au fond, est persuadé d'avoir tout trouvé tout seul. Quinze ans de ce métier m'ont fait comprendre que je vivais quelque chose d'assez important pour ne pas être insignifiant et trop peu décisif pour être primordial.

Quinze ans de ma vie, mais c'est aussi quinze ans de la vie du monde, en Chine, en Australie, en Tanzanie et au Groenland.

— *Et au Québec.*

— Et au Québec, où tout est allé si vite mine de rien. Où tout évoluait si tranquillement qu'on ne se rendait pas compte à quel point tout allait très vite.

Ma voix a-t-elle contribué à la recherche d'un chemin, d'un pays, d'un espoir? Ce n'est pas à moi de le dire. Je suis sûr en tout cas, c'est qu'on ne fait rien tout seul, on ne trouve rien tout seul. Sans cesse, on est redevable de sa géographie et de son histoire.

Et je prends à penser sur le moment aux gens de Natashquan : sans Ti-Paul-la-Pitoune, sans Jos Hébert, sans Odilon, sans Caillou-la-Pierre, Jean-du-Sud, John-Débardeur, Zidor, Léo, sans mon père, sans ma mère, sans leur parler, leurs placottages, sans leurs gigues et leurs *reels*, qu'est-ce que j'aurais dit, moi?

Ce que je dis
c'est en passant

MON CHER FRANÇOIS-RÉGIS,

En a-t-on raconté des souvenirs, enregistré des rubans magnétiques, et vidé des bières! Tout ceci est bel et bien, et vrai. Mais je mesure à la lecture de cet entretien à quel point il peut être ambitieux et prétentieux d'élever une conversation au niveau de la vérité universelle, indélébile, inaltérable!

Je sais que l'entrevue est un genre littéraire nécessaire au journaliste soucieux de vérité. Tu m'as dit : « Ces propos sont les tiens. » C'est juste, dans un quotidien ou un magazine qui vit au rythme du temps; où nos pauvres paroles alimentent le chorus et nourrissent le torrent, où nos réflexions du moment inscrites sur des feuilles volantes perdent toute prétention du fait qu'elles sont éphémères. Le livre a une autre fonction : il engage pour plus longtemps et il n'est pas rare qu'on y revienne dix ans après, parfois plus, persuadés que nous sommes d'y trouver le meilleur des pensées de l'auteur.

Devant ce danger qui nous guette, nous les parleux, les personnages publics, saltimbanques déguisés en clercs par la force des medias, autant mettre aujourd'hui les choses à leur place! Un entretien n'est que ce qu'il est : une tentative d'explication de ce que l'on vit, au moment où l'on en fait l'expérience, un morceau d'histoire, de géographie et de psychologie à deux voix. Périssable. Qu'on l'imprime, la route de l'auteur ne s'arrête pas pour autant. Elle continue. Qui sait s'il sera prêt à confirmer tous les termes de la conversation quand le curieux commencera sa lecture? Sait-on assez à quel point tout ceci est fragile, sujet à changement? Et toutes les mises au point à faire? Tiens, j'en profite pour le lui rappeler, au lecteur, au bout de cette promenade qu'il vient de faire en notre compagnie.

Je ne renie rien de ce que je dis ici, mais je ne voudrais pas que mes propos soient pris pour plus que ce qu'ils sont. Tout ceci n'est que papier d'emballage. La cargaison se livre ailleurs. Tu le sais. J'ai eu tantôt 49 ans.

> A dire ainsi tout ce qui passe
> On finit par passer son temps
> Je ne veux pas prendre la place
> De l'automne ni du printemps
> Ce que je dis c'est en passant

Bien à toi,

GILLES.

Notice biographique

1928 : Naissance de Gilles Vigneault à Natashquan (Québec) sur la côte nord du Saint-Laurent, à 1 300 km de Montréal.

1941 : Études au Petit Séminaire de Rimouski, puis études de Lettres à l'Université Laval, à Québec.

1950-58 : Exerce divers métiers : libraire, publiciste, professeur d'algèbre et d'anglais. Écrit des contes, des poèmes, des pièces de théâtre, dit ses monologues entre amis.

1959 : Jacques Labrecque enregistre la première chanson de Gilles Vigneault : *Jos Monferrand*.

1960 : Fondation à Québec de la première « boîte-à-chansons » ; il y fait connaître ses premières œuvres : *Jean du Sud*, *Jos Hébert*, *La Danse à Saint-Dilon*. Le succès accompagne l'événement.

1962 : Grand Prix du Congrès du Spectacle.

1965 : Création de *Mon Pays*. Concert à la Comédie canadienne.

1966 : Premier concert à Paris, à Bobino, avec Pauline Julien. Grand Prix du Disque.

1967 : Spectacle *Vive le Québec*, à Paris.

1968-73 : Tournées au Québec, en Amérique du Nord, en Europe.

1974 :   Le 13 août, sur les plaines d'Abraham, à Québec, Premier Festival mondial de la Jeunesse francophone, baptisé « Francofête », Gilles Vigneault se produit avec Félix Leclerc et Robert Charlebois devant 150 000 spectateurs de tous les continents.

1975 :   Le jour de la Saint-Jean-Baptiste, patron des Québécois, le 23 juin, nouveau concert « historique » sur le Mont-Royal, à Montréal : Gilles Vigneault chante avec Robert Charlebois, Claude Léveillée, Jean-Pierre Ferland et le fantaisiste Yvon Deschamp devant 300 000 spectateurs.

LIVRES DE GILLES VIGNEAULT

— *Étraves* (1959)
— *Contes sur la pointe des pieds* (1961)
— *Balises* (1964)
— *Avec les vieux mots* (1965)
— *Pour une soirée de chansons* (1965)
— *Quand les bateaux s'en vont* (1965)
— *Contes du coin de l'œil* (1966)
— *Les gens de mon pays* (1967)
— *Tam ti delam* (1967)
— *Ce que je dis, c'est en passant* (1970)
— *Exergues* (1971)
— *Je vous entends rêver* (1974)
— *Les neuf couplets* (1975)
— *A l'encre blanche* (1977)
— *Natashquan, Le voyage immobile* (1977)

Ces ouvrages sont publiés aux Nouvelles Éditions de l'Arc, 663, Wiseman, Montréal, Québec. Les deux derniers titres sont publiés en coll. avec les Éditions Stanke de Montréal.

LIVRES SUR GILLES VIGNEAULT

— *Gilles Vigneault*, par Aline ROBITAILLE (Beauchemin, Montréal, 1964)
— *Fernand Seguin rencontre Gilles Vigneault* (Éditions de l'Homme, Radio-Canada, Montréal, 1968)
— *Gilles Vigneault*, par Lucien RIOUX (Seghers, Paris, 1969)

— *Propos de Gilles Vigneault,* par Marc GAGNÉ (Nouvelles Éditions de l'Arc, Montréal, 1974)
— *Mon ami Gilles Vigneault,* par Roger FOURNIER (La Presse, Montréal, 1972)
— *Gilles Vigneault.* Bibliographie descriptive et critique, discographie, filmographie, iconographie, chronologie, par Marc GAGNÉ (Les Presses de l'Université, Laval, 1977)

DISQUES DE GILLES VIGNEAULT

PRESSAGES FRANÇAIS

LP 30 cm - 88011 - (Double album)

Petite gloire, pauvre fortune — Lorsque mon père — Avec les vieux mots — Jean-du-Sud — Si les bateaux — Mon pays — C'est le temps — J'ai pour toi un lac — Jack Monnoloy — Doux — Pendant que — La danse à Saint-Dilon

Tam ti delam — Ce que je dis — Le temps passe — Les semelles de la nuit — Ah que l'hiver — Zidor le prospecteur — Comment — La Manikoutai — L'horloge — Poussière sur la ville — Fer et titane — Tout l'monde est malheureux

CBS 63634 - « *Le Nord du Nord* »

Larguez les amarres — Mon bateau et mon quai — Le Nord du Nord — Sur la vitre des automnes — Je ne dirai plus — Mon pays II — Berceuse pour ne pas endormir — Les voyageurs — Quand elle dit — Berlu — La complainte

CBS 64057 - « *Musicorama* »

Introduction — Tam di delam — J'ai pour toi un lac — Jos Monferrand — Pendant que — Les voyageurs — Quand vous mourrez de nos amours — Jack Monnoloy — Monologue — Fer et titane — Mon pays — Bébé la Guitare — Le doux chagrin — Zidor le prospecteur — Les gens de mon pays — La Manikoutai — La danse à Saint-Dilon

ESC 312 - « *Les gens de mon pays* »

Les gens de mon pays — Mon ami Léo — Jos Monferrand — Quand j'ai chaussé — La tite-Toune — Avant les souvenirs — La plus courte chanson — Je m'ennuie d'un pays

— Chanson pour Bob Dylan — Un enfant — Le silence — Les robots — Jean-Jean — Le temps qu'il fait sur mon pays.

ESC 318 - « *Pays du fond de moi* »

Il me reste un pays — Ile de pierre — Ton père est parti — Maintenant — Je chante pour — Parlez-moi d'un peu d'amour — Gros-Pierre — Les voyageries — Berceuse — Les cerfs-volants

ESC 324 - « *Gilles Vigneault au T.N.M.* »

On n'a jamais l'hiver qu'on veut — Beau voyageur — Quand je te ferai ta chanson — Paulu-Gazette — Quand nous partirons pour la Louisiane — Ti-Cul-la-Chance — L'été — Lucku Too-Too — La danse à Saint-Dilon

ESC 337 - « *J'ai planté un chêne* »

J'ai planté un chêne — Chanson du 29 février — Tit-Nor — Une branche à la fenêtre — I went to the market — Gens du pays — Quand la tendresse vient... — Faut que je me réveille — Le bonheur — Les neuf couplets — La queste du pays

ESC 339 - *Gilles Vigneault, avec Félix Leclerc et Robert Charlebois au Premier Festival de la Jeunesse, Québec, 1974*

Quand les hommes vivront d'amour — Il me reste un pays — La danse à Saint-Dilon — Mon pays — Gros-Pierre — Pendant que — La Manikoutai

ESC 347 - *Gilles Vigneault à Bobino*

Éditions Le Vent qui Vire (Montréal)
Éditions Sibécar (Paris)

Disques « L'Escargot »
(Distribution pour la France : cbs)

ESX 70501 - (Escargot Festival) « *Du milieu du pont* »

Ma mie est de retour — L'air du voyageur — Ballade de l'été — John Débardeur — Ici, ailleurs — Du milieu du pont — Le doux chagrin — Ma jeunesse — Ballade de l'hiver — Jos Hébert — Autant le temps — Le temps perdu

PRESSAGES CANADIENS

CBS I - FS 538

Jos Monferrand — Petite gloire et pauvre fortune — (poème) Quand j'ai chaussé les bottes — Jos Hébert — J'ai pour toi un lac — Caillou la pierre — Am'nez-en d'la pitoune — (poème) Lorsque mon père — Jean-du-Sud — Jack Monnoloy — Quand vous mourrez de nos amours — La danse à Saint-Dilon

CBS II - FS 544

Tam ti delam — Ma jeunesse — (poème) Quelqu'un était ici — Ballade de l'été — Si les bateaux — John Débardeur — Du milieu du pont — Le temps perdu — (poème) J'ai fait mon ciel d'un nuage — Ballade de l'hiver — Pendant que — Zidor le prospecteur

CBS III - FS 612

Larguez les amarres — L'air du voyageur — (poème) Le cœur — Fer et titane — Money-bum — Jean-Baptiste — La plus courte chanson — Tit' œil — Le doux chagrin

CBS IV - FS 632 « *G. V. à la Comédie canadienne* »

Les gens de mon pays — Le livre — Hier la ville — Souviens-toi — Ti-Franc — Mon pays — Ti-Paul — Tombe la nuit — Les menteries — La musique

CBS V - FS 634 « *Mon pays* »

Mon pays — La rue Saint-Jean — La fleur du temps — Avec les vieux mots — Mon ami Léo — Bébé la Guitare — Chanson démodée — Le vent — Les corbeaux — Jean-Jean — Les semelles de la nuit — Le petit bonhomme

CBS VI - FS 652 « *La Manikoutai* »

La Manikoutai — Quand vous mourrez de nos amours — Ma mie est de retour — Vos mains — Le vent de la mer — J'ai un pays — Ce que je dis — Jean Bourgeois — Dites-moi — (poème) Je ferai les jours de beau temps — La lune chinoise

CBS VII - FL 348

Petite gloire, pauvre fortune — Lorsque mon père — Avec les vieux mots — Jean-du-Sud — Si les bateaux — Mon pays — C'est le temps — J'ai pour toi un lac — Jack Monnoloy — Doux — Pendant que — La danse à Saint-Dilon

CBS VIII - FS 681 « *Le Nord du Nord* »

Le Nord du Nord — Comment, comment — Berlu — Autant le temps — Fer et titane — Tire mon cœur — L'horloge — Tout l'monde est malheureux — Ah! que l'hiver — Vu

CBS IX - FS 702 « *Les voyageurs* »

Larguez les amarres — Mon bateau et mon quai — Poussière sur la ville — Sur la vitre des automnes — Je ne dirai plus — Mon pays II — Les voyageurs — Quand elle dit — Le temps passe — Berceuse pour ne pas endormir — La complainte

CBS X - FS 710 « *à l'Olympia* »

Tam ti delam — J'ai pour toi un lac — Jos Monferrand — Pendant que — Les voyageurs — Quand vous mourrez de nos amours — Jack Monnoloy — Fer et titane — Mon pays — Bébé la Guitare — Le doux chagrin — Zidor le prospecteur — Les gens de mon pays — La Manikoutai — La danse à Saint-Dilon

Le Nordet GVN 1007

J'ai planté un chêne — Chanson du 29 février — Tit-Nor — Une branche à la fenêtre — I went to the market — Gens du pays — Quand la tendresse vient... — Faut que je me réveille — Le bonheur — Les neuf couplets — La queste du pays

Distribution Transcanada Musique Service

Table des matières